Mit herzlichen Grüßen!

Burkhard

Pöttler Kranzelbinder Alle heiligen Zeiten einmal...

Burkhard Pöttler

Alle heiligen Zeiten einmal...

Die Wallfahrt Maria Helfbrunn

mit Fotografien von Heinrich Kranzelbinder

Verlag für Sammler
Graz

Gestaltung und Layout: Heinrich Kranzelbinder

Zu dem Bild auf der Vorderseite des Buches:
Postkarte in der Art eines Andachtsbildes mit der Ansicht der Wallfahrtskirche Maria
Helfbrunn, um 1900. Auf der Rückseite der Postkarte ist ein Gebet abgedruckt sowie
folgender Text: „Anläßlich eines Papst- und Kaiserjubiläums im Jahre 1898 wurde die Kirche
durch Bemühungen des Herrn Pfarrers von Mureck Hochwürden Johann Lopic bedeutend
vergrößert und verschönert. Verlag J. Leber M. Helfbrunn".

Gedruckt mit Unterstützung des Amtes der Steiermärkischen Landesregierung, Abteilung für
Wissenschaft und Forschung.

ISBN 3 85365 124 0
Printed in Austria

Zu diesem Buch

Am südlichen Ende des steirischen Grabenlandes, im Bezirk Radkersburg, nur wenige Kilometer von der slowenischen und der ungarischen Grenze entfernt, liegt der kleine, 700 Einwohner zählende Ort Ratschendorf.

Die exponierte Lage innerhalb Österreichs – bis vor kurzem war diese Region von unüberwindlich scheinenden ideologischen und wirtschaftlichen Grenzen umgeben – brachte und bringt nicht nur ökonomische Probleme, sondern auch Identitätsprobleme für die hier lebenden Menschen. So hat die Abwanderung aus solchen Regionen nicht allein wirtschaftliche Gründe. In dieser Situation wurde 1982 die *Kulturinitiative Ratschendorf* gegründet.

Ziel dieser Personengemeinschaft war und ist es, eine Darstellung der geschichtlichen und sozialen Entwicklung des Dorfes zu geben und, auf den Ergebnissen dieser Arbeiten aufbauend, Verbindungen zum heutigen Leben im Dorf herzustellen und daraus Erklärungen für gegenwärtige soziale Strukturen zu finden. Die Arbeiten sollten sich, wissenschaftlich fundiert, mit Themen des Lebens im Dorf auseinandersetzen.

Es wurde daher versucht, diesen Vorsätzen durch Ausstellungen, durch Vorträge und Veranstaltungen verschiedenster Art gerecht zu werden. Zu den Ausstellungen sollte jeweils eine Publikation erscheinen – zur Dokumentation der Arbeit, vor allem aber, um im Laufe der Jahre ein möglichst umfassendes Bild vom Leben im Dorf zu erhalten.

Ein weiteres erklärtes Ziel der *Kulturinitiative Ratschendorf* ist es, Kulturarbeit für alle Bewohner des Ortes zu machen. Ergänzend zu traditionellen kulturellen Strukturen sollten neue Möglichkeiten und Formen der Auseinandersetzung mit dem vergangenen, dem gegenwärtigen und zukünftigen Leben im Dorf geschaffen werden. Dazu gehört unter anderem, daß eine tolerante, konstruktive Auseinandersetzung zwischen Traditionellem und Neuem stattfinden kann. Um einzelne Projekte unbeschadet von parteipolitischen Vorstellungen und ideologischen Einschränkungen durchführen zu können, wird versucht, diese Arbeiten in Kooperation mit anderen an Kulturarbeit interessierten Personen und Institutionen durchzuführen. Diese Arbeiten erstrecken sich nicht nur auf den Bereich der historischen Information, sondern behandeln auch Themen zur Gegenwartsituation (z. B. zur ökologischen) und den entsprechenden Zukunftsperspektiven.

Die Arbeiten haben sich bisher größtenteils auf den Bereich der Gemeinde Ratschendorf beschränkt, darüber hinaus entstanden aber auch mehrere Arbeiten, die den gesamten Bezirk Radkersburg umfassen. Die bisher umfangreichste Arbeit der *Kulturinitiative Ratschendorf* stellt das Projekt „Römerzeitliches Museum Ratschendorf" dar. Dieses Museum sollte als Gesamtlösung ein innovatives Modell für einen dezentralen Museumsbau darstellen und wurde, was das Architektonische betrifft, 1992 mit dem „Geramb-Dankzeichen für Gutes Bauen" ausgezeichnet.

In einem der ältesten Ortsteile von Ratschendorf befindet sich die Wallfahrtskirche Maria Helfbrunn mit der Lourdes-Grotte. 1990 wurde auf dem Weg zwischen der Grotte und der Kirche eine Ausstellung zur Geschichte dieser Wallfahrt gestaltet, es folgten ein Feature für den ORF und ein 16-mm-sw-Film, der mit dem Diözesanfilmpreis der Diözese Graz-Seckau ausgezeichnet wurde.
Das vorliegende Buch entspricht dem verständlichen Wunsch, als Ergänzung zu den bisherigen Arbeiten eine umfassende Dokumentation der Wallfahrt Maria Helfbrunn zu erarbeiten und herauszugeben.

Ein solches Projekt ist nicht ohne die verständnisvolle und oft mit großem persönlichen Einsatz und Engagement verbundene Hilfe vieler Personen und Freunde durchzuführen. Ihnen allen soll an dieser Stelle Dank ausgesprochen werden: Für die Förderung dieses Buches in vielfacher Hinsicht Herrn Stadtpfarrer Franz Kügerl, Mureck, dem Gemeinderat der Gemeinde Ratschendorf, Herrn Bürgermeister Anton Stradner, Ratschendorf, Herrn Bürgermeister Franz Dressler, Gosdorf und Herrn Pater Maurus Neuhold OSB, Seckau; für die Bauaufnahmen Herrn Arch. Ass.-Prof. Univ.-Doz. Dipl.-Ing. Dr. Holger Neuwirth, Graz, sowie Frau Margit Weber, Kirchbach und Herrn Josef Niederl, Riegersburg. Die Untersuchungen der Wasserqualität der Helfbrunner Quelle wurden freundlicherweise von Univ.-Prof. Dr. Johannes Raber, Graz und Herrn Hofrat Dr. Werner Thiel, Graz, durchgeführt. Frau Ingrid Heuberger und Frau Beatrix Schliber haben in bewährter Weise die fotografischen Laborarbeiten besorgt. Für ihre Unterstützung in Fragen der grafischen Gestaltung sei Herrn Rudolf Tischler, TR-Grafik, Graz und Herrn Eduard Höller, Graz besonders gedankt. Meiner Freundin, Frau Dr. Barbara Schaukal, herzlichen Dank für Beratung und Hilfe in „Notsituationen".

Heinrich Kranzelbinder, Kulturinitiative Ratschendorf

Vorwort

Wallfahrten erfreuen sich seit einigen Jahren wieder steigender Beliebtheit, die zur Wiederaufnahme alter Wallfahrtstermine, zu einer Renaissance von Fußwallfahrten und zur Suche nach neuen Formen führte. Darüber hinaus sind Volksfrömmigkeit und Wallfahrt aktuelle Themen, die gegenwärtig in einer Reihe von wissenschaftlichen Fächern besondere Beachtung finden. Zu diesen Fächern zählen nicht nur Volkskunde und Theologie, sondern auch Geschichte und Soziologie. Dies zeigt sich an einer Fülle einschlägiger Publikationen, Tagungen und anderer Veranstaltungen, die einerseits traditionelle Fragestellungen weiterführen, andererseits neue Ansätze und Zugänge zum Inhalt haben.

In diesem Rahmen stellt das vorliegende Buch die Geschichte und Entwicklung von Maria Helfbrunn in Ratschendorf, Bez. Radkersburg, von den ersten Zeugnissen seiner Entstehung bis in die Gegenwart dar. Dabei stehen vor allem volkskundliche Aspekte im Mittelpunkt, kirchen- und verwaltungsgeschichtliche wurden lediglich dort als Grundlagen in die Betrachtung mit einbezogen, wo dies für die Darlegung von Zusammenhängen notwendig war.

Die Arbeit soll einerseits wissenschaftlichen Ansprüchen genügen, andererseits soll sie aber auch für eine breite an Maria Helfbrunn interessierte Öffentlichkeit lesenswert sein. Dies erfordert natürlich Zugeständnisse und Abstriche in beide Richtungen, wobei ich hoffe, einen geeigneten Mittelweg gefunden zu haben. So wurde auf eine eingehende Diskussion des Begriffes Wallfahrt und auf intensives Zitieren von Literatur verzichtet, die Nennung der Literatur im Anhang möge hier genügen. Einige Daten von eher lokalgeschichtlichem Interesse wurden zwar in den Text aufgenommen, eine genaue Chronik der Wallfahrt mit allen bekannten Details zu den Umbauten und Sanierungen der Kirche sowie zu den Wallfahrtsterminen und zur Größe sämtlicher Wallfahrergruppen wurde jedoch nicht angestrebt.

An dieser Stelle möchte ich allen danken, die durch ihre Mitarbeit und Hilfsbereitschaft zum Entstehen dieses Buches beigetragen haben. Allen voran jenen Wallfahrerinnen, Wallfahrern und am Thema Interessierten, die in teilweise sehr ausführlichen Interviews ihr Wissen über Maria Helfbrunn und oft auch ihre persönlichen Gefühle und Erfahrungen offengelegt haben. Herr Stadtpfarrer Franz Weiß, Mureck, hat als zuständiger Pfarrherr viel an Informationen zur Baugeschichte und Entwicklung der letzten drei Jahrzehnte beigetragen. Herr Franz Josef Schober, Ratschendorf, hatte schon wesentliche Vorarbeiten bei der Sammlung von Quellenmaterial geleistet. Dieses Material hat er mir zusammen mit so manchem regionalgeschichtlichen Hinweis dankenswerterweise für die Arbeit zur Verfügung gestellt, was den Einstieg sehr erleichtert hat. Für wichtige Hinweise möchte ich mich beim Leiter des Diözesanarchives Graz, Herrn Dr. Norbert Müller, für die Durchsicht der kunstgeschichtlichen Stellen bei Frau Dr. Barbara Schaukal bestens bedanken. Schließlich danke ich auch meinem Kollegen am Institut für Volkskunde, Herrn Ass.-Prof. Dr. Helmut Eberhart, für zahlreiche Diskussionen zum Thema herzlich.

Burkhard Pöttler

Inhaltsverzeichnis

Einleitung

Der Begriff „Wallfahrt" hat im Laufe der Zeit so manche Bedeutungsänderung erfahren. Die Vorstellung von dem, was denn nun Wallfahrt sei und aus welchen Komponenten sie sich zusammensetzen müsse, wechselt ebenso wie das Erscheinungsbild der Wallfahrt selbst. Nicht nur aus der Sicht der einzelnen „Waller" oder „Wallfahrer" ist nicht immer klar, was noch als Wallfahrt zu bezeichnen ist und was nicht mehr, sondern auch im wissenschaftlichen Bereich gibt es keine allgemeingültige Definition von Wallfahrt. Einerseits haben die verschiedenen Wissenschaften, wie Theologie, Volkskunde, Geschichte u.s.w. ihre je eigene Definition, andererseits gibt es innerhalb der einzelnen Disziplinen teilweise nicht unbeträchtliche Unterschiede, wenn es darum geht, Wallfahrt zu definieren oder zu umschreiben.

Das Phänomen Wallfahrt ist nicht nur im Christentum, sondern in zahlreichen – auch außereuropäischen – Religionen zu finden: z. B. im alten Ägypten, in Israel, bei den Muslimen (Mekka), im Iran, in Indien, Tibet, Indonesien, Madagaskar, China und Japan. Die ersten christlichen Wallfahrten begannen mit Reisen zu den heiligen Stätten in Palästina, erst später zu den Apostelgräbern des heiligen Petrus in Rom und des heiligen Jakobus in Santiago de Compostela in Spanien.[1]

Allgemein kann Wallfahrt als Aufsuchen einer bestimmten Kultstätte mit einem besonders dorthin gebundenen Kultobjekt im Sinn eines religiösen Aktes oder aufgrund eines frommen Verlöbnisses bezeichnet werden. Grundlage dafür ist die Voraussetzung, daß an einem bestimmten Ort Gott mit seinen Licht- und Gnadenkräften dem heilsbedürftigen Menschen besonders nahe steht. Als günstig dafür gelten Orte, die durch das Zusammensein von Wasser, Baum und Stein ausgezeichnet sind.[2]

Bezüglich der Art der Wallfahrtsorte als Gnadenstätten lassen sich folgende Möglichkeiten unterscheiden:

- Orte, die im Leben von Heiligen oder Religionsstiftern eine besondere Bedeutung hatten,
- Gräber und
- Gnadenbilder.

Die an den Kultstätten der Wallfahrt erstrebten Heilsgüter können solche der Offenbarung und Erleuchtung wie der Gnade und Hilfe in verschiedensten Anliegen und Bedürfnissen sein, während als Mittel zu ihrer Erlangung die während und am Ziel der Wallfahrt getätigten asketischen Übungen, Gebete, Opfergaben,

Weihungen, Segnungen, Waschungen, ja auch Essen und Trinken fungieren können. Nach religiöser Überzeugung erweist die Gottheit an den Wallfahrtsstätten persönlich oder durch Vermittler, durch lebende oder verstorbene heilige Personen oder Sachen, durch außerordentliche symbolische Naturwesen und Dinge, wie künstlich gefertigte Gegenstände, ihre Huld.[3] Die am Gnadenort empfangene Hilfe wird durch Niederschriften und bildliche Darstellungen sowie Votivgaben, die sich häufig auf die genannten religiösen Anliegen beziehen und als Gaben wie Verehrungsakte gelten, bekundet. Die Wallfahrer bemühen sich, die an den Wallfahrtsstätten empfangenen Impulse nach ihrer Rückkehr auch daheim zu üben und wirksam werden zu lassen, wodurch sich die Wallfahrt als ein starkes Ferment zur inneren und äußeren Festigung der religiösen Großgemeinschaft erweist.[4] Soweit die allgemeine religionsgeschichtliche Definition von Wallfahrt im Lexikon für Theologie und Kirche.[5]

In der katholischen Theologie gilt die Wallfahrt als nicht heilsnotwendig. Ihre Praxis, die Art der Durchführung, kann daher auch kritisiert werden, nicht jedoch die Sache selbst. Für die Wallfahrt als Symbol des irdischen Lebens dienen der Hebräerbrief[6] und die Apokalypse[7] als biblische Belege, sonst kann sie nur aus der Verbindung von Volksglauben und Heiligenverehrung gedeutet werden.[8] Auch im kanonischen Recht wird die Wallfahrt nur bei der Befreiung von einem Gelübde und bei der auferlegten Genugtuung genannt, nicht jedoch als fixer Bestandteil. Nach allgemeiner katholischer Ansicht besteht das religiöse Motiv der Wallfahrt in der Mehrung der Frömmigkeit, in der Erfüllung eines Gelübdes, in der Unterstreichung einer Bitte, in der Abstattung eines Dankes, in der Leistung freiwilliger Sühne oder im Vollzug einer in der Beichte auferlegten Bußübung.[9]

Nach der Blüte des Wallfahrtswesens im Mittelalter und einem Einbruch durch die Gegenreformation brachte die Barockzeit eine neue Welle von Wallfahrtsgründungen und -wiederaufnahmen. Für die Steiermark sei hier Maria Freienstein als Beispiel für eine neugegründete barocke Wallfahrt erwähnt.[10] Wohl im Lichte dieser neuen Wallfahrten sind auch die Anfänge von Maria Helfbrunn zu sehen, wenn auch – wie zu zeigen sein wird – hier zunächst von seiten der Kirche keine Förderung erfolgte, sondern ziemliche Vorbehalte vorhanden waren.

Während die Zeit der Aufklärung dem Wallfahrtswesen, wie auch allgemein Kirche und Glauben, kritisch gegenüberstand, entwickelte sich im 19. Jahrhundert eine neue Art von Frömmigkeit, in der auch die Wallfahrt wieder ihren festen Platz hatte. Die Ereignisse im französischen Lourdes sind der vielleicht markanteste Punkt dieser Entwicklung, aber auch das Dogma von der Unbefleckten Empfäng-

12

nis Mariä, das erst 1854 durch Papst Pius IX. verkündet wurde,[11] ist Zeichen einer neuen Marienverehrung. In dieser Zeit erfolgen auch Ausbau und offizielle Anerkennung von Maria Helfbrunn.[12]

Dem Rückgang des Wallfahrtswesens im 20. Jahrhundert folgte vielerorts ein neuer Aufschwung, der einerseits durch ein neu akzentuiertes Interesse an Fußwallfahrten, andererseits durch neue Organisationsformen gekennzeichnet ist. Auch in Maria Helfbrunn sind diese neuen Formen von Wallfahrt vertreten.

Der historische Teil dieser Arbeit beruht überwiegend auf den Akten im Diözesanarchiv Graz, zusätzlich wurden Archivalien jener Grundherrschaften durchgesehen, denen Ratschendorf und damit Maria Helfbrunn untertänig war, jedoch ohne wesentliche zusätzliche Informationen daraus ziehen zu können. Die Transkriptionen werden in weitgehend normalisierter Form wiedergegeben, um die Lesbarkeit zu erhöhen. Auch Berichte in der älteren Literatur und in der lokalen und kirchlichen Presse wurden als Quelle herangezogen.

Die Materialerhebung für das 20. Jahrhundert erfolgte einerseits durch (teilnehmende) Beobachtung in den Jahren 1988 bis 1993, andererseits durch Interviews. Wenn natürlich auch keine Beobachtung sämtlicher Wallfahrten möglich war, so wurde doch darauf geachtet, alle unterschiedlichen Formen von Wallfahrt in Maria Helfbrunn zu erfassen. So wurden die drei wesentlichen Festtermine – teilweise mehrfach – besucht, es erfolgte aber auch eine Teilnahme an der Wallfahrtsprozession aus Straden und an anderen, kleineren Wallfahrten. Das Festhalten des Ablaufes und der Teilnehmerzahlen und -zusammensetzung waren dabei ebenso wichtig wie die möglichst genaue Erfassung von Verhaltensweisen als Indikatoren für Motivationen und Einstellungen.

Die Interviews wurden in einer nichtstandardisierten, offenen Form durchgeführt, lediglich durch einen schriftlichen Leitfaden vorstrukturiert. Ein Teil der Interviews wurde für ein von Ernst M. Binder und Heinrich Kranzelbinder gestaltetes Feature über Maria Helfbrunn im ORF verwendet, weshalb bei der Aufnahme

13

gewisse Zugeständnisse an die Rundfunktauglichkeit gemacht werden mußten; der Einfluß auf die inhaltliche Qualität der Interviews dürfte jedoch gering gewesen sein. Die Interviews wurden transkribiert und für eine computergestützte Auswertung mit dem Datenbankprogramm $\kappa\lambda\epsilon\iota\omega$ aufbereitet.[13]

Da es bei diesem Thema als ganzem, besonders aber im Bereich der Motivationen um sehr persönliche Dinge geht, wurde in der Regel darauf verzichtet, die Gewährspersonen namentlich zu zitieren. Lediglich in Einzelfällen, in denen es eher um organisatorische Dinge oder um „öffentliche" Persönlichkeiten ging, wurden die Namen direkt angegeben. Eine Liste der Gewährspersonen findet sich im Anhang.

Wörtliche Übernahmen, sowohl aus schriftlichen Quellen als auch aus Interviews, werden im Text durch Kursivschrift kenntlich gemacht.

Geschichte und Legende

Die Anfänge der Wallfahrt und ihre Ablehnung durch die Kirche

Die Anfänge der Wallfahrt von Maria Helfbrunn sind – wie bei vielen Wallfahrten – nicht genau rekonstruierbar. Ein erstes Bild von der Entstehung bieten die archivalischen Quellen, die seit dem frühen 18. Jahrhundert vorhanden sind und dem Schriftverkehr zwischen Bischöflichem Ordinariat, Pfarre Straden, zu der Maria Helfbrunn zu dieser Zeit gehört, und den Besitzern der Herrschaft Weitersfeld, in deren Bereich Ratschendorf liegt, entspringen. Die Herrschaft Weitersfeld wird um diese Zeit von der fürstlich-eggenbergischen Herrschaft Straß aus verwaltet, in weiterer Folge von der Herrschaft Brunnsee aus.

Nach den ersten schriftlichen Belegen wurde die Quelle von Helfbrunn spätestens ab der Mitte des 17. Jahrhunderts von Kranken in der Hoffnung auf Heilung aufgesucht. Dies wird zumindest 1722 in einem Bericht des Verwalters der Herrschaft Straß behauptet: *daß … dieser Zulauf vor 80 Jahren hergewesen, dazumalen aber nur von wenigen Leuthen.*[14] Wenn man diese 80 Jahre vielleicht auch nicht ganz wörtlich nehmen darf, so weisen sie doch in die Zeit um 1650, als im Gefolge der Gegenreformation zahlreiche Gründungen von Wallfahrten anzutreffen sind.

Bis 1714 sei nach dem obenzitierten Bericht *der Helff-brun von unterschiedlichen Leuthen besucht worden, die sich in ein und andern Zustanden des Wasser bedient, darein gebadet und nach diesen Unser lieben Frauen zu Ehren nieder kniet, gebetet und ein Opfer in das Wasser gelegt …*[15]

Aus diesem „Badebetrieb mit religiösen Übungen" hat sich ohne Zutun von seiten der Amtskirche eine Art Wallfahrt entwickelt, die den Argwohn offizieller kirchlicher Stellen hervorgerufen hat. Der erste erhaltene archivalische Beleg zum Wallfahrtsgeschehen findet sich in den bischöflich-seckauischen Ordinariatsprotokollen und ist mit dem 31. August 1716 datiert. Bischof Joseph Dominicus von Seckau drückt in einem Schreiben an den Dechanten von Straden, Dr. Maximilian Anton Kreuzer (1708–1739)[16],

Abb. 2: Die Filialkirche Maria Helfbrunn mit der Lourdes-Grotte nach der Renovierung der Grotte 1992.

15

sein Mißfallen aus, daß *sich das leichtgläubig Volk über schon vorhin ergangenen Verbot, bei einen aufgerichten Cruzifix Bild, zum Helfprun genannt, abermahlen häufig versammeln und aldorten ihre Winckl-Andachten frei und ungehindert üben.* Auch ein *namhaftes Opfer* sei schon zustandegekommen. Da dies aber *das Volk von Anhörung des Worts Gottes abziehet, auch viel andere üble Folgen nach sich lockend, keineswegs kann und soll gestattet werden,* soll der Dechant sich *solchen abermalen eingeschlichenen Mißbrauch förderlichst abzuthun Bestand angelegen sein lassen.*[17] Da hier auf ein vorhergehendes Schreiben hingewiesen wird, kann man schließen, daß das Problem schon länger offiziell anhängig ist, wenn auch keine älteren archivalischen Belege mehr erhalten sind. Auffällig ist, daß in dem Schreiben von einem *Cruzifix Bild* und nicht von einer Marienstatue gesprochen wird. Auch in späteren Quellen wird von einem Kruzifix gesprochen, bei dem eine Marienstatue steht.[18] Man wird also davon ausgehen dürfen, daß es sich ursprünglich um ein Kruzifix mit zumindest einer Marienstatue, vielleicht als Assistenzfigur, gehandelt hat.

14 Tage nach diesem Schreiben wird dem Dechanten mitgeteilt, daß die Angelegenheit bei der Regierung anhängig sei, zugleich wird befohlen, *durch einen kürzeren Weg, nämlich durch guts pflegende Verständnis mit der grundobrigkeitlichen Herrschaft Straß, leidlich abzuhelfen* und *in Namen unser mit sogenannter Herrschaft Straß diesfalls ehist gehörige Unterredung* zu *pflegen und alles in Güte beizulegen geflissen* zu sein.[19]

In einem bischöflichen Dekret vom 22. Mai 1717, das als Antwort auf einen „Beschwarnus Bericht" des Dechanten von Straden an diesen gerichtet ist, werden nochmals die Vorwürfe formuliert.[20]

Eure gehorsamst eingereichte Beschwarnus Bericht wegen vorgangener verschiedener Winklandachten bei den so genannten Helffbrun haben wir unsern Consistorio zu besserer der Sach Untersuchung überlassen, welches dann einen so übel eingeschlichenen Mißbrauch nicht allein nachdrücklich abzuschaffen für notwendig befunden, sondern auch unsers Ambts zu sein erachtet, daß alles was Namen oder Sorten die dahin gebrachte Opfer sein mögen, der Pfarr Kirchen zu Straden zugeschafft werde, ja sogar sofern das dort neu erbaute ... Wirts-Haus von solchen Opfer sollte aufgeführt worden sein, eine gewissen Schuldigkeit wäre, ein solches erstgedachter Kirche zu Straden zu ersetzen, doch mit dieser Bedingnis, daß wann über kurz oder lang nach Schickung Gottes mit gnädigsten Consens der hochen geistl. Obrigkeit aldort eine Kapell oder Kirchen sollte erbaut werden, mehr gedachte Kirchen zu Straden dahin gehalten sein solle, zu erwähnten

Gebäu beizuhelfen, der bei diesen Ratschlag gegenwärtig gewesene unser Consistorial Rath Kiabanna hat verbunden, solches der weltlichen Herrschafft Straß zu hinterbringen, wie wir dann geschehen zu sein nicht zweiflen wollen, doch haben wir an Euch Gegenwärtiges verfügen wollen, auf daß so getanen Schluß in allen aufs genaueste nachzuleben und ... mit wiederholter Herrschafft Straß die Sach aufs beste beizulegen wisset. Verbleiben etc. den 22. Mai 1717.[21]*

Der Dechant hatte also um Untersuchung der Vorgänge und *Winklandachten* in Helfbrunn gebeten, worauf das bischöfliche Konsistorium mit der Untersuchung beauftragt worden war. Nun wird festgehalten, daß die Mißstände in Helfbrunn abzuschaffen seien; zugleich wird verlangt, daß einlangende Opfergelder an die Pfarrkirche Straden, wohin Helfbrunn eingepfarrt ist, abgeliefert werden sollen.

Die „Wallfahrtstätigkeit" hatte bereits eine so große Intensität erreicht, daß neben der Quelle ein Wirtshaus errichtet worden war. Falls der Bau dieses Hauses aus Opfergeldern erfolgt sein sollte, wird verlangt, daß die Pfarrkirche Straden dafür entschädigt werden müsse. Zugleich wird jedoch festgehalten, daß die Pfarrkirche Straden sich finanziell beteiligen müsse, wenn es doch zu einem offiziell genehmigten Kapellen- oder Kirchenbau kommen sollte. Offenbar glaubte man nicht mehr an die Möglichkeit, die oben erwähnten „Mißstände" beseitigen zu können, sondern rechnete bereits mit einem weiteren Ausbau der Wallfahrt.

Der letzte im Dekret erwähnte Punkt betrifft das Verhältnis zur weltlichen Herrschaft, der die Entscheidung mitgeteilt werden soll und mit der die Angelegenheit zu regeln sei. Hier wird bereits ein wesentlicher Aspekt der Wallfahrtsentwicklung sichtbar, der für die nächsten Jahrzehnte entscheidend sein soll: die Auseinandersetzungen zwischen den zuständigen kirchlichen und weltlichen Stellen. Dabei weist dieser Streit zwei wesentliche Schwerpunkte auf: einerseits einen moralischen und religiösen, andererseits aber auch einen finanziellen.

Der „Wallfahrtsgründer" Michael Tell

Während 1716/17 also erste archivalische Belege für die Existenz wallfahrtsähnlicher Vorgänge in Helfbrunn nachweisbar sind, werden in einem undatierten „Pro memoria", einer Art Sachverhaltsdarstellung, die nach 1739 (der „damalige" Dechant Kreuzer, der bis 1739 im Amt war, wird erwähnt) entstanden ist, die genaueren Umstände der Frühgeschichte der Wallfahrt zusammengefaßt:[22]

Als „Begründer" der Wallfahrt gilt demnach ein gewisser Michael Tell (in anderen Quellen auch Dell, Tornell oder ähnlich), ein Viehhirt, der aus Ratschendorf stammt und *eben nicht in besten Ruf ware*[23]. Die unterschiedliche Einschätzung dieses Tell zeigt ein Vergleich der Berichte des Dechanten und des Verwalters der Herrschaft Straß. In einer „Informations-Relation" des Dechanten wird Tell als äußerst untugendhafter Mann dargestellt, der sich, von seiner Frau getrennt lebend, selbst zum Kirchenstifter ernannt habe. Indem er vorgebe, nächtliche Visionen von herabfallendem Feuer gehabt zu haben, das die Heilkraft des Brunnens bewirke, und unter Androhung göttlicher Strafen bringe er die Leute in der Umgebung des Brunnens dazu, Material für die Errichtung einer Kapelle bereit-zustellen:

Zumalen dieser Orth unter pfarrlicher stradnerischer Jurisdiction stehend und in praejudicio selbiger Pfarr Kirchen etlich Jahr herovon einen vagierenden abge-dankten Küh-Hereter Michael Tornell, so ... sich von sein Weib a Mensa et Thoro separieret hat; und damit er in seinen untugendsamen, faulen, trägen, angefange-nen Lebenswandl perpetuierlich sich etablieren möge, hat er sich des so genand-ten Helffbrunn (weilen er daselbst in der Gmein in Ratschendorff gebürtig) dessen impationieren wollen, und für einen Kirchen-Stifter aufgeworfen, pro clamando vorgeben, daß er nächtlicher Weil gesehen habe, das Feuer sei von Himmel ge-fallen, und dem Helffbrun zu Heilung allerhand Krankhheit geweihet, dahero wann die Nachbarschafft und allenthalben umliegende Dorfschafften ihm nicht mit allerhand Materialien werden zur Erbauung einer Kirchen an die Hand gehen und zur Hilf kommen, mit Feuersbrunst und mehrern Straffen von Gott würden heim-gesuchet werden, und sogestalten die Leuth aus Furcht des Feuers dahin verleitet, daß sie alle gleichsam nach seinen Willen mit Herstellung der per ihm verlangten Materialien vollzogen [!].[24]

Weiters beklagt der Dechant, daß Tell als Pilger und mit einer Pilgerflasche, gefüllt mit Wasser aus Helfbrunn, durch die Gegend ziehe (bis in die Windischen Bühel bei Jahring und Gutenhaag), dort die Heilkraft des Wassers verkünde und „Wer-bung" für die Wallfahrt mache:

Ja ex post sich für einen Pilgram ausgeben, und in einer Pilgram-Pütschen das Wasser per dem Helffbrunnen allenthalben in Land viel Meil wegs und sogar in die Windische Pichl bey Jähring und Guetenhaag herumb getragen, vermeldent: daß wer von diesem Wasser trinken oder zu dem Helffbrunnen wallfahrten gehen, und sich alda baden würde, von allerhand Gebrechlichkeit oder Krankhheit gesund werde.[25]

18

Schließlich wird Tell noch vorgeworfen, von „Wallfahrern" in den Brunnen geworfene Münzen herausgefischt und als Verheirateter mit ledigen Frauen im Wirtshaus ausgegeben zu haben. Zusätzlich soll er mit diesen Frauen auch nackt im Brunnen gebadet haben. Da die Dorfgemeinschaft inzwischen argwöhnisch geworden sei, habe sie diese Vorgänge angezeigt. Eine geistliche Abstrafung mit der Pflicht, zu seiner Frau zurückzukehren, sei aber wirkungslos geblieben. Hier wird versucht, die Lage so darzustellen, daß die Bewohner des Ortes gegen Tell eingestellt seien. Ob diese Darstellung zu Recht besteht oder nur die Argumentation des Dechanten gegen Tell und damit gegen die Wallfahrt unterstützen soll, muß unklar bleiben.

Abb. 3: Ansichtskarte von Maria Helfbrunn (um 1900).

Als solches die Gemein selbiger Dorffschafft zu Ratschendorff vernommen und wahr gethan, haben sie an ihm ein wachsames Aug getrogen, aber bald erfahren, um was zu thun und mit diesen neuen Propheten für ein Beschaffenheit habe: Sinte mohlen er nit allein den so genannten Helffbrunn spoliert, indem er diejenige Münz, so die dahingehende Leuth hinein geworffen, von selbsten herausgefischet, sondern auch das aus dem Wasser herausgenommene Geld als ein verheirather Mann mit ledigen Menschern, so sich ganz entblößter bei lag, alda in Brunn gebadet, nächtlicher Weil in das Wirthshaus geführt, wiederumben luxuriöse verzehret und angewandt hat, haben sie mir solchen ob seines unehrbaren Wandl gleich denunciret und auf mein Anrufen zur geistl. Abstrafung und zu Cohabitierung seines Weibs angehalten und obzwar er Michael Tornell auf vorbeschehene Abstrafung wiederumben zu seinem Eheweib zu gehen versprochen, ist er keineswegs seinem gethanen Versprechen nachkommen, sondern den alten Müßiggang und Faulenzen nachgestrebt ...[26]

Der nächste Vorwurf gegen Tell betrifft ein Marienbild, das in Helfbrunn bei einem hölzernen Kreuz stand und von Tell trotz des Verbotes, sich nochmals beim Helfbrunn aufzuhalten, zum Tischlermeister Jacob Weiß nach Mureck gebracht worden sei, mit dem Auftrag, es zu renovieren. Als besonders verurteilenswert wird dabei der Umstand angemerkt, daß Tell die darauffolgende Einsetzung des Bildes weithin bekanntgemacht habe, worauf die Grundherrschaft zwar auf Geheiß des Dechanten die Statue entfernt und *in einer Truhen versperrter aufbehalten,* zugleich aber die Quelle zu einem Bad umgestaltet habe. Um die Konstruktion dieses Bades zu erklären wird als Vergleich Tobelbad, südwestlich von Graz herangezogen.[27]

Die Bretterhütte wird jedoch weiter für „Winkelandachten" herangezogen und Tell wird vom damaligen Verwalter der Herrschaft Straß als *Badwaschl* des *abgeschafften, aber wie erst obgemelt wieder neu aufgerichten Helffenbrun Bad-Stübl wiederumben* eingesetzt.[28] Die Errichtung dieser Badehütte *mit ausgeschlagenen Brettern und Sitzbrett* war also bereits der zweite Versuch, bei der Quelle eine Badehütte zu erbauen, und der Vorwurf des Dechanten zielt sehr stark gegen die Herrschaft Straß bzw. gegen deren Verwalter Thoritsch, der Michael Tell beschäftigt. Besonders wird verurteilt, daß dieser *neu installierte Badwaschl sich einer mehrern Kühnheit unterfangen* und mit *zu dem Hals angehängten weißen Handtuch und in Händen habendes Kreuz* die Badenden einbegleitet habe, *bis endlich vielhundert und mehr aus denen so genannten Helffbrun Wallfahrten, als sie kein Frauen- oder Gnadenbildnis Maria alda angetroffen, ersehen, daß sie sogestalten neuer angeführt und betrogen worden.* Tell hat also nach Aussage des Dechanten in Helfbrunn – offenbar als erster – einen organisierten „Wallfahrtsbetrieb" aufgezogen, während vorher die Badenden in privaten Gebeten ihre Andacht verrichtet hatten. Dem Ort ist zu dieser Zeit offenbar schon ein sehr guter Ruf vorausgeeilt, da der Dechant auf die „vielhundert" Personen hinweist, die sich betrogen fühlten. Die Zahl kann natürlich auch aus propagandistischen Gründen etwas höher angegeben sein, um zu verdeutlichen, wie viele Leute von Tell getäuscht wurden, doch lassen die übrigen Ereignisse um die Wallfahrt sie durchaus realistisch erscheinen. Auch die oben genannten Vorwürfe, daß Tell als „Pilger" herumziehe und für die Wallfahrt werbe, macht die Zahl durchaus glaubwürdig.

In einem weiteren Schreiben von Dechant Kreuzer an den Bischof, das etwa um die gleiche Zeit wie der Bericht des herrschaftlichen Verwalters entstanden ist, werden die Vorwürfe wiederholt und präzisiert und neue vorgebracht: Die Sorge wegen der neu hervordringenden *Andächtlereien*, die dem *ohnedem von Natur allerhand Aberglauben zugethanen Windischen und andern Bauern-Volk, zu großen Nachteil der Röm. Christ. katholischen Religion*[29] vorgeworfen werden, steht an der Spitze des Schreibens und zeigt bereits die für die Aufklärungszeit so typische abwertende Einstellung gegenüber dem „einfachen Volk".

Der Dechant gesteht zwar zu, daß vor fünf Jahren Michael Tell von der Herrschaft *abgeschafft* worden sei, der befohlene Abbruch der Kapelle sei hingegen nicht erfolgt, sondern die Herrschaft habe *das Kapellerl nit allein stehen lassen, sondern*

auch zu mehrerer Forthpflanzung dieser eingeschlichenen Mißbräuche des sogenannten Helfpruns hat selbe solchen Brunn um ein Merkliches erweitert und in
Form eines Ursprung des Gräzerischen Tobelbads mit Läden staffelweis aus-
schlagen und zurichten lassen. Verwerflich sei daran, daß die Herrschaft so den
gemeinen Volk ihre einfältige Meinung, als ob der Brunn in Wahrheit heilsam und
gleichsam nach Aussag des aberwitzigen aufgeworfnen Kirchenstifters Michael
Töll ein von Maria Gnaden voll fließendes Wasser heraus quellte, desto mehrers
bekräftiget. In diesem Zusammenhang werden auch Wachs- und Eisenopfer sowie
Almosen-Geld genannt, das sich bei der Kapelle ansammelt.[30] Wachs- und Eisenopfer werden in den späteren Schreiben nicht mehr erwähnt, wie lange sie in
Helfbrunn üblich waren, ist nicht zu eruieren.

Der weiterhin starke Zuzug nach Maria Helfbrunn ermunterte offenbar Michael
Tell, wieder an seine Wirkungsstätte zurückzukommen, und da das ursprüngliche
Marienbild von der Herrschaft gemäß Befehl eingezogen worden war, ist er *nach
seiner selbst eignen und anderer Leuth Aussag nach Mureck gangen, und* [hat]
*ihm von dem Tischler Weiß daselbst ein kleines Maria-Bildl um 45 Kreuzer
machen und schnitzlen lassen, und als es fertig war, ist er Michael Töll von Markt
Mureck aus, das Bild öffentlich auf den Arm tragend, wiederum nach Ratschendorff mit viel andern Bauern, zu den so genannten Helffbrun quasi processionaliter kommen, und das hölzerne Frauen-Bildl … auf ein neues ins selbige hölzerne
Helffbrun-Kapellerl eingesetzt.* Tell habe sich also ein zweites Mal *vor einen
Kirchenstiffter aufgeworffen* und sei in die herumliegenden Ortschaften gegangen
und habe sie *mit Bedrohung alles Unglück* aufgefordert, Steine zum Bau einer
Kapelle herbeizuschaffen. Durch die Drohungen habe der *muthwillige Mensch das
einfältige Bauern-Volk* dahin gebracht, ihm schon über 100 Fuhren Steine anzu-
liefern.[31]

Aufgrund der starken Zunahme der Wallfahrt habe dann der herrschaftliche Verwalter durch seinen Ratschendorfer Amtmann den beim Bad errichteten Opfer-
stock regelmäßig entleeren und das Geld nach Straß bringen lassen *und gleich darauf neben der hölzernen Kapelln ein Wirtshaus von den Almosengeld erbauet, und
mit jährlicher 8 fl Tafern-Wirtschaftsgerechtigkeit, einen eignen Wirth, so sich
jetzo Matthiaß Huebman schreibet, übergeben, den Michael Töll aber vor einen
Mesner des sogenannten Helffbrun Kapellerl eingesetzt.* Nach Aussage *vieler
Leuthen*, besonders aber *des Märthin Glaminger oder Schneider bei den Helffbrun*
halte Tell *als Mesner Exhortationen, auch Vesper und singenden Unser Lieben
Frauen Litaney* und würde sie *zu Erbauung einer Kirchen anspornen* mit dem

Zusatz, *daß er sich von niemand mehr irren lassen wolle, weilen es ihm die gnädige Herrschaft Straß als Grundobrigkeit verlaubt habe.*[32]

Schließlich klagt der Dechant noch über den Verlust der Spendengelder für seine Kirche, *zumalen daß das so schöne uralte Gnaden-Haus und Pfarrkirchen Maria Himmelfahrt, wegen so vielfältigen hungarischen und türkischen Feindsanlauf, ohnedem ganz erarmet ist, daß man künftighin hart die Architecta erhalten werde können* und auch die Pfarrer der umliegenden Kirchen hätten sich schon beklagt. Aber es sein nicht in seiner Macht, einem so mächtigen Gegner wie der fürstlichen Herrschaft Straß *Gewalt mit Gwalt abzutreiben.*

Als theologisches Argument wird abschließend noch vorgebracht, daß die *an denen ungarischen Grenzen vorhantene akatholische Nachbarschaft* den katholischen Priestern vorwerfen könnte, *daß wir gleich denen Heiden und Türken, die Anbetung oder Verehrung eines Brunns unseren anvertrauten Pfarrschäflein ungeahndeter zulassen täten,* weshalb Dechant Kreuzer vorschlägt, neben dem geistlichen Kommissar auch den landesfürstlichen Hofkammerprokurator einzuschalten, *die diese eingeschlichene Michael Töllische aberglaubische Andächtlereien fundamentaliter untersuchen und abschaffen, den so genannten Helfbrun radicitus verschitten, auf daß dardurch die unter dem christlich Volk, unter den Schein der Andacht hervor leuchtend, aberglaubischen Ketzereien unterbrochen, gehemmet, vertilget, entgegen und folgsam, wiederum in denen Gott, der seeligsten Jungfrau Maria und H. Gottes, ordentlich geweihten aufgerichten Pfarr-Kirchen, die Ehr und Glorie des Allerhöchsten, ununterbrechlich und eifrigst fortgepflanzet werden möchte.*[33]

Die Herrschaft Straß als Förderer der Wallfahrt

Auf die verschiedenen Vorwürfe des Stradener Dechanten hin liefert am 17. März 1722 Georg Edlbacher, Verwalter der Herrschaft Straß, einen Bericht an den Bischof ab, der die Situation in Helfbrunn aus der Sicht der weltlichen Herrschaft darstellt und Punkt für Punkt auf die Vorwürfe des Stradener Dechanten eingeht. Schon die Überschrift läßt das Interesse der Herrschaft an der Wallfahrt erkennen: Während der Stradener Dechant nur vom *Helffbrunn* spricht, was seine Ablehnung gegenüber dem ganzen Treiben erkennen läßt, verwendet Edlbacher die Bezeichnung *Unser lieben Frauen Maria Helfenbrun.*[34]

Den Vorwurf, daß der Kirche in Straden *das Opfer geschwächt* würde, lehnt Edlbacher ab, da *diese von so weithen Orthen herkommende Leuth,* er nennt Kroatien,

Ungarn und die Obersteiermark, nicht wegen Straden, sondern wegen Helfbrunn kämen. Auch der Vorwurf, daß der Besuch von Helfbrunn die Leute von der Teilnahme am sonntäglichen Gottesdienst abhalte, stimme nicht, da sie *sogestalten informiert* seien, am Sonntag die Messe zu besuchen, *welches sie auch thuen*. Den Vorwurf der Unkeuschheit beim Baden entkräftet Edlbacher mit dem Hinweis, daß das Bad *in drei Theil sogestalten verschlagen* sei, daß *die Manns-Bilder auf die Weibsbilder nicht sehen können*.

Die besonders schwerwiegenden Vorwürfe gegen Michael Tell werden von der Herrschaft Straß nur sehr kurz gestreift: *Der Besagte Kerls, welchen Ihro Hochwürden nicht haben wollen, ist schon längstens aus den Weg geräumet worden.* Mit keinem Wort werden also die Vorwürfe gegen Tell erwähnt – ob bzw. wie weit sie stimmen – allein der Umstand, daß der Dechant ihn nicht haben will, soll bereits genügen, Tell zu entfernen, um keinen Angriffspunkt gegen die Wallfahrt zu bieten. Diese Reaktion bildet allerdings ein Indiz dafür, daß die Beschuldigungen des Dechanten gegenüber Tell auch von der Herrschaft nicht bestritten werden.

Die Herrschaft Straß – bzw. deren Verwalter Edlbacher – erweist sich hier als äußerst starker Verfechter der Wallfahrt und möchte dem Dechanten von Straden, der das Aufkommen der Wallfahrt aufs schärfste bekämpft, keine Argumente für sein Vorgehen liefern. Eines dieser Argumente des Dechanten sind die Opfergelder, die in Helfbrunn gespendet werden und – seiner Darstellung nach – so der Pfarr- und Wallfahrtskirche in Straden abhanden kommen. Der Verwalter von Straß gibt zwar zu, daß die Opfergelder *anfänglich*, als man noch keine gezielte Verwendung für sie hatte, *von abgedankten Soldaten und dergleichen Leuth herausgenommen und hinweg getragen worden* sind, danach aber hätten die anwohnenden Untertanen das Geld herausgenommen und dafür Messen lesen lassen, *zu Zeiten auch zu den Herrn Dechant auf Straden getragen.*[35] Durch den steigenden Zulauf nach Helfbrunn hätte *man endlichen dahin gedacht, weilen denen Leuthen nichts lieber wär, als daselbsten ein Kapellerl zu erbauen, derentwillen ein Opferstöckl wie bei andern allgemeinen Kreuzen an vielen Orthen zu sehen, aufzurichten, das Geld zusamb zu sparen.* Dies sei bisher geschehen, werde jetzt aber vom Dechanten, dem *diese Andacht zuwider*, bekämpft. Dem Bericht nach sei vor fünf Jahren, also 1717, vereinbart worden, daß der Dechant und der Verwalter je einen Schlüssel für den Opferstock haben und gemeinsam die Leerung vornehmen sollten. Jedoch habe der Dechant das nie gemacht, es könne aber in Zukunft geschehen, *mithin H. Dechant kein einzige Beschwer haben solle.* Dieses Einlenken in der Frage der Opfergelder soll wohl eine positive Haltung des Dechanten in bezug auf die Errichtung einer Kapelle in Helfbrunn bewirken, der Streit um das Geld zwischen Kirche und Herrschaft wird aber noch einige Jahrzehnte andauern, wie noch zu zeigen sein wird.

Hier geht es dem Verwalter darum, noch stärkere Argumente für den Bau einer Kapelle zu bringen: So räumt er ein, daß man sich nicht auf Mirakel als Argument für den Bau einer Kapelle beziehe, sondern *pur alleinig auf diesen großen Zulauf und Andacht der von vielen Orthen dahin kommenden Leuth, und das allgemeine Geschrei von ihnen, daß sie große Hilf empfangen und gern ein Kapellerl daselbst haben möchten, also augenscheinlich die allerliebste Mutter Gottes daselbst will verehret werden.*[36] Dieses Argument ist in den Augen von Verwalter Edlbacher wohl das stärkste, das er zugunsten eines Kapellenneubaus vorbringen kann, auch wenn seine Herleitung aus dem Wunsch der Bevölkerung nach einer Kapelle wohl nicht ganz schlüssig ist. Edlbacher stellt weiter fest, daß es ja auch Thomas-Kirchen gebe, wo kein Mirakel, sondern nur großer Zulauf bekannt sei, und außerdem liege die Pfarrkirche Straden so weit entfernt, daß man hier eine Kirche bauen könnte, *so für ein Filial gehalten würdet.* Schließlich wird darauf hingewiesen, daß in den letzten 80 Jahren der Zulauf *sehr groß zugenommen* habe und daß *nicht allein in diesen Landt herum Deutsche und Windische, sogar auß Obersteier, Krabathen und Hungarn viel Leuth dahin kommen und ihre Andacht richten und ihnen nichts lieber wäre, als wann Ihro fürstl. Gnaden es gnädigst erlaubeten, daß man ein kleines Kapellerl daselbsten dürfen erbauen.* An der Unterhaltung wäre aufgrund der Opfergelder kein Mangel, und für die Untertanen, die an die drei Stunden nach Straden zu gehen haben, wäre eine Kapelle auch gut. Schließlich wäre es auch für den Dechanten ein Vorteil, weil er mit der Zeit einen Kaplan mehr halten könnte.[37]

Dieses Angebot von seiten der Herrschaft, alles zu bereinigen, was vom Dechanten aus religiösen oder finanziellen Gründen nicht akzeptiert werden kann, wenn nur die Errichtung einer Kapelle in Maria Helfbrunn gestattet werde, stößt allerdings nicht auf Gegenliebe. Dabei erhebt sich jedoch auch die Frage, wie ernst dieses Angebot gemeint war bzw. wie sehr die angekündigten Punkte wirklich durchgeführt wurden.

Abb. 4: Andachtsbild, das die neue Grotte und die Kirche vor dem Umbau von 1898 zeigt.

Die weitere Auseinandersetzung zwischen Kirche und Herrschaft

Die beiden Standpunkte – kirchlicher und weltlicher – sind also grundsätzlich verschieden: Der Dechant von Straden versucht die weitere Zunahme der Geschehnisse in Helfbrunn zu unterbinden, indem er möglichst viele negative Argumente vorbringt und diese vor allem moralisch und theologisch begründet, wobei er auch vor pauschalen Vorurteilen und äußerst kämpferischen Formulierungen nicht zurückschreckt. Hingegen versucht die Herrschaft Straß, den Zulauf weiter zu fördern und die Erlaubnis zum Bau einer Kapelle und damit die offizielle Anerkennung der „Amtskirche" zu erhalten. Argumentativ stützt sie sich auf den Wunsch der Heilsuchenden und der ortsansässigen Bevölkerung, zugleich soll der Ausbau auch dem Dechanten von Straden schmackhaft gemacht werden. Daß diese starke Unterstützung für Maria Helfbrunn völlig uneigennützig erfolgt, ist kaum anzunehmen, bis jedoch der Bau einer Kapelle von der Kirche offiziell genehmigt wird, sollen noch mehr als 100 Jahre vergehen.

In den Jahren bis 1728 scheint sich die Wallfahrt weiter entwickelt zu haben, wobei man offenbar bezüglich der Spenden zwischen Straden und der Herrschaft Brunnsee, die seit März 1727 Karl Weikhard Graf von Breuner gehört,[38] der auch die Herrschaft Weitersfeld innehat, zu einem modus vivendi gefunden hat, indem *der Opfer-Stock … mit Einwilligung der Herrschaft Prunsee in Beisein eines abgeordneten geistlichen Kaplan von Straden und Beambten v. Prunsee jährlich zu zwei- und dreimale eröffnet, das gezählte Geld in die annoch vorhandene Rapularien* [Aufzeichnungsbücher] *eingeschrieben, mithin solches mit den Wax Opfer ohne Anstand bis inklusive 1728 nach Straden abgegeben worden.*[39] Dies geht aus einem undatierten und unsignierten „Pro memoria" hervor, das um 1730 entstanden sein dürfte und in dem nochmals auf das Verbot der Wallfahrt, die Spendenregelung sowie den Befehl zur Einstellung der Bauarbeiten durch das Dekret von 1717 hingewiesen wird, wobei allerdings nicht alle diese Punkte wirklich im Dekret, bzw. in der überlieferten Kopie, erwähnt sind.

Die erste gemauerte Kapelle

1729 dürfte jedoch, wie aus einem Brief des Dechanten Kreuzer an den Bischof hervorgeht, von seiten des Grafen Breuner ein Versuch unternommen worden sein, einen Kapellenneubau errichten zu lassen. Breuner habe Kreuzer zur Einweihung *desselbigen Schloßkapellen* nach Brunnsee eingeladen und schriftlich erinnert, daß *einige Verabredung … vorzunehmen sei*. In Brunnsee sei dem Dechanten dann der Vorschlag gemacht worden, *daß mehrfach ernannte seine Excellenz bei besagten Helfbrunn eine Kreuz-Kapellen zu bauen entschlossen sei, auch darzu die vorgebetene Licenz von Euer Fürstl. Gnaden in so weith mündlich erhalten hätten.* Der Dechant habe daraufhin erklärt, daß er *keine Declaration thuen, noch hierzu Consensum Parochialem* [Zustimmung der Pfarre] *beilegen könnte, sondern seine Hochgräfl. Exzellenz dahin und so weith ersuchet haben wollte, mit solchen geistlichen Gebäu … innezuhalten,* bis der Bischof wieder zurückgekehrt sei, besonders da *bei diesen Helffbrunn schon ohne deme ein ordinari vollkommenes Kreuz stehe.*[40] Der Dechant beklagt sich weiter, daß bereits Vorbereitungen für den Bau einer neuen Kapelle getroffen worden seien und darin ein Marienbild eingesetzt werden solle. Ungeachtet seines Protestes sei mit dem Ausheben der Grundfesten in einem Ausmaß von ca. 22,6 mal 28,3 m und der Errichtung der Mauer begonnen worden:

… wie nun aber allbereits immittels die Praeparatorien mit beigeschafften Kalk, Ziegl und Sand gemacht, auch zu Erbauung einer förmlichen Kapellen oder Kürchen die Circumferenz eines Diametri von 12 bis 15 Klaftern breit und weit ausgesteckt worden, wo anbei mir die Intention von seiner Excell. angedeutet worden, ein Bild der Mutter Gottes einzusetzen, als hab ich wider solche erbauende Kapellen als ein neues Opus mit nachmalig begehrter Einhaltung in loco vetere 12. dieses Monats August legaliter protestiert, es ist aber danoch ungeachtet solcher meiner Protestation und Nunciation novi Operis sowohl die Grundfest gegraben, als der vordere Theil zu erheben angefangen worden.[41]

Der Dechant weist nochmals auf die zweifelhafte Entstehung der Wallfahrt und das Dekret von 1717 hin und stellt dann fest, daß *neben dem auch nicht zugelassen werden könne, daß zu Praejudiz meiner annoch vor 1442 von Kaiser Friderico den 4ten erbauten Pfarr-Kirchen und darinnen eingesetzten Gnadenbild, Maria am Himmelberg genannt, in eben diesen Districtu meiner Pfarr ein anderes Frauenbild den Cultur publico ausgesetzt, wodurch diesen so uralten Gnadenhaus Maria die Verkürzung der Veneration und Devotion der Gemeinde, auch des Opfers Abtragung eingeführt werden solle, …* Die Angst des Dechanten, daß die Bedeutung des Stradener Gnadenbildes und damit auch die finanziellen Einkünfte der Pfarre Straden durch eine neue Wallfahrt innerhalb der Pfarre verringert werden könnten, zeigt sich in diesen Worten ganz deutlich. Darum verlangt er auch, daß die seinerzeit kirchlicherseits befohlene und von der damaligen Besitzerin der

26

Grundherrschaft, Maria Charlotte, verwitwete Fürstin von Eggenberg, befohlene Entfernung des Marienbildes in Helfbrunn auch für deren Nachfolger, Graf Breuner, zu gelten habe. Außerdem wird gebeten, den Bau der Kapelle durch eine Verordnung einzustellen.[42]

Offenbar als Reaktion auf dieses Schreiben des Dechanten wurde durch den Bischof von Seckau, Jakob Ernst v. Liechtenstein, eine Kommission für den 13. September einberufen. Im Beisein des Dechanten und eines Vertreters des Grafen von Breuner sollte festgestellt werden, *wie und auf was Form, wie hoch und breit das neu erbaute Kreuz sei, wie weit und breit die Circumferenz zu der dem Vorgeben nach künftigen Erbauung einer förmlichen Kapellen oder Kirchen schon sollte ausgesteckt worden sein, dann auch was für Präparatorien man hierzue verfasset und beigeschaffet habe.*[43]

Abb. 5: Die mit Blumen geschmückte Madonnenstatue in der Lourdes-Grotte auf einer historischen Ansichtskarte (vor 1945).

Einen Einblick in die Art des geplanten Neubaus gibt ein einfacher Grundrißplan: Er zeigt eine an der Eingangsseite offene Kapelle mit drei Nischen in der Apsis und einer an der linken Langseite. An der rechten Langseite dürfte ein Fenster vorgesehen gewesen sein, doch läßt sich das dem skizzenhaften Plan nicht eindeutig entnehmen. Das Gebäude hat eine Länge von 4,8 Klafter (ca. 9 m) und eine Breite von 4,5 Klafter (ca. 8,5 m). Der Plan wurde von einem Polier des *Herr Steng Maurer Meister zu Gräz*[44] gezeichnet und vom Verwalter der Herrschaft Brunnsee am 22. August 1729 mit einem Begleitschreiben an Steng gesendet, *damit der Zimmermeister das Dachgrüst nicht zu klein mache*. Gleichzeitig droht der Verwalter dem Maurermeister, daß *wann nicht innerhalb 3 Tagen noch 3 Maurergsellen alher geschickt werden, so bin ich gedrungen, alle andere aufzunehmen.*[45] Die Herrschaft Brunnsee hat also offensichtlich großes Interesse, daß der Neubau des *Helfprun Kreuz* möglichst zügig vonstatten geht und bald abgeschlossen ist. Anders ist die Forderung, daß innerhalb von drei Tagen weitere drei Maurergesellen beizustellen seien, angesichts der geringen Größe des geplanten Bauwerkes nicht zu interpretieren.

Einen Bericht über den Ablauf der Kommissionsverhandlungen am 13. 9. gibt mit Datum vom 16. 9. 1729 der Dechant von St. Veit am Vogau, Franz Anton von Azula. Er stellt fest, daß die Kommission die *Beschauung dieses schon bis an das Gewölb aufgeführten Gebäu* vorgenommen und festgestellt habe, daß *jenes solcher Gstalten erhebte Werkh nicht einer Kreuz-Säulen, sondern vielmehr einer wirk-*

lichen Kapellen gleiche und mit *3 hohen und pflegsamen Kirchenfenstern, auch Anmerkung einer Sakristei*, sechseckig, innen 12 Schritt (ca. 9 m) lang und 10 (ca. 7,5 m) breit, die Mauer 21 Schuh (ca. 6,7 m) hoch und 4 Späne (ca. 58 cm) breit, *das Gewölb mit eisenen Schließen schon angefangen erbauth ist* und daher gegen die *gnädigst ertheilte Licenz* des Bischofs erbaut sei. Der gräfliche Kommissar meinte, seine Exzellenz Graf Breuner *wüßten nichts davon* und er sei *wohl einen Fehler unterlaufen* und habe daher gleich den Befehl gegeben, die Vorbereitungen für die Sakristei sowie die Fenster wieder zu vermauern. Dechant von Azula habe daraufhin erreicht, daß *alle Handwerker von Handanlegung zu diesen Gebäu sind abgeschafft worden*, damit zwischen dem Bischof und dem Grafen die weitere Vorgehensweise geklärt werden könne.[46] Was die vorhandenen Baumaterialien angeht, so stellt der Dechant fest, daß nicht mehr viel vorhanden sei. So sei die *Kalkgruben erschöpfet, Ziegl möchten sich annoch 3 bis 4.000, von Steiner 6 biß 8 Fuhr, von Sand aber etwas mehrers sich befinden.* 15 bis 20 Schritt von dem neuen Gebäude stehe *alt erbauth* eine gewöhnliche Kreuzsäule (*Creuz Saullen modo ordinario*). Genauere Angaben über Alter und Konstruktion dieser Kreuzsäule werden leider nicht gemacht. Vom neuen Gebäude habe der Maurer selbst einen Plan angefertigt, der mit übersandt wird.[47] Ob dies der selbe Plan ist, der von der Herrschaft Brunnsee an den Maurer Stengg in Graz übermittelt wurde, kann jedoch nicht mehr geklärt werden.

Der Streit um das Opfergeld

Eine offizielle, nachträgliche Baugenehmigung von seiten des Bischöflichen Ordinariats ist aber offenbar nicht erfolgt und im Zuge weiterer Bauarbeiten kommt es zu neuen Auseinandersetzungen zwischen Dechant und Herrschaft, die aus späteren Aufzeichnungen überliefert sind:
Nachdem aber benannte Herrschaft 1729 den Opfer-Stock ausgegraben, und à Regione des damals erbauten Wirthshaus ein Kreuz errichtet, mit Bröttern per modum einer Kapellen umfangen, mit einigen Opfertaflen umhänget, den neu errichtethen Opfer-Stock von Jahr zu Jahr allein geräumet, so ist der Kirchen nach Straden von 1729 bis dieser Zeit gar nichts abgereichet worden...[48] Der Dechant habe dagegen protestiert und ihm sei auch vom Eigentümer der Herrschaft Brunnsee, Graf von Breuner, versichert worden, daß die Herrschaft sich nichts unrechtmäßig aneignen wolle. Aufgrund von Besitzerwechseln in der Herrschaft Brunn-

see sei dann aber keine Veränderung in diesem Modus eingetreten, sodaß der Kirche in Straden großer finanzieller Schaden entstanden sei. Es müßten daher nicht nur das Opfergeld, sondern auch die entsprechenden Zinsen von der Herrschaft an die Pfarrkirche in Straden abgeführt werden.[49]

Die Pfarre Straden bemüht sich also weiterhin, die in Helfbrunn gespendeten Opfergelder – sogar samt Zinsen – einzutreiben, jedoch vorerst ohne Erfolg. Interessant sind aber auch die Hinweise auf die Art des „Kreuzes" oder der Kapelle: Offenbar wurde der Plan, eine gemauerte Kapelle zu errichten, nach dem Besuch der Kommission doch fallengelassen und nur eine Kapelle aus Brettern erbaut, wie ja schon vorher eine existiert hatte. Was mit der begonnenen gemauerten Kapelle weiter geschah, wird nicht mehr erwähnt. Neu ist der Hinweis auf „Opfertaflen", also Votivbilder, die offenbar von Gläubigen zur Unterstützung ihres Dankes oder ihrer Bitten in Helfbrunn geopfert wurden.

1767 weist Georg Cedermann[50] als Dechant von Straden nochmals auf den großen Entgang von Spendengeldern für seine Pfarrkirche hin, der dadurch entstanden sei, daß seit 1729 von den in Ratschendorf (wobei er irrtümlich von der *Pfarr zu Ratschendorff* spricht) eingegangenen Spendengeldern nichts mehr an die Pfarrkirche abgeliefert worden sei. Daher bittet er den Bischof, durch die Hofkammer-Prokuratur in Graz die bei Heinrich Adam Grafen von Brandiß als Kurator der Herrschaft Brunnsee aber auch *bei der verwittibten Helfbrunwirthin nach eigener Geständnis sich befindende Geldopfer* der Pfarrkirche Straden zuzuführen.[51] Graf von Brandiß war zu dieser Zeit Vormund des minderjährigen Weichard Grafen von Trauttmannsdorff, des Eigentümers der Herrschaft.[52] Am 11. Juni 1767 wird das Ansuchen des Stradener Dechanten an Kaiserin Maria Theresia *als allergnädigste und höchste Vogtfrau* weitergegeben, mit der Bitte, auf den Grafen einzuwirken, das Opfergeld und eine verläßliche Abrechnung darüber in Straden abzuliefern oder die landesfürstliche Hofkammer-Prokuratur einzuschalten, damit die Pfarrkirche Straden an die ihr zustehenden Gelder komme.[53]

Bereits mit Datum vom 17. Juni 1767 kommt das Antwortschreiben der Regierung, daß dem Grafen aufgetragen worden sei, das Geld samt einer Spendenabrechnung abzuliefern oder innerhalb von acht Tagen seine Einwände vorzubringen.[54]

Die Antwort des Grafen enthält seinen Wunsch, mit Hilfe der Helfbrunner Opfergelder einen Geistlichen bei der Schloßkapelle in Brunnsee anzustellen, sobald jene eine Summe von 4.000 Gulden erreicht hätten. Seine genauen Wünsche sind in einem undatierten „Pro Memoria" erhalten, das in acht Punkten die Vorstellungen des Grafen bezüglich der Spendengelder enthält. Die Bezeichnung *Kalten-Bruner* anstelle von *Helfbrunner* Opfergeld läßt dabei erkennen, daß die religiöse Bedeutung von Helfbrunn heruntergespielt werden soll, um so bessere Chancen zu haben, das Geld in Brunnsee verwenden zu dürfen. Als weiteres gewichtiges Argument wird vorgebracht, daß der Geistliche nicht nur die tägliche Messe für die Herrschaft zu lesen habe, sondern *wöchentlichen aber zwei H. Messen für die Opfernden, und jene Leuthe applicieren sollte, welche bereiths alda geopfert haben, wie nicht minder sollte er auch verbunden sein, die Christen-Lehr in der Kapelln zu Brunsee alle Sonn- und Feiertäg nach Mittag zu halten, ein welches nebst der H. Meß um so nothwendiger, als bei schlecht einfallender Witterung die umliegende Bauers-Leuth wegen gleich beschehenden Ergießung des Wasser nicht einmals in ihr Pfarr-Kirchen gehen und somit weder dem H. Meß-Opfer, noch der Christen-Lehr beiwohnen können.* Die große Entfernung zur Pfarrkirche in Straden wird hier als Argument für die Errichtung des Benefiziats herangezogen.[55] Mit 11. September 1767 wird die bischöfliche Kanzlei aufgefordert, einen Bericht an die „Kommission in Milden Stiftungs Sachen" zu liefern, über den *vom ersagten Herrn Grafen v. Brandiß gemachten neuerlichen Antrag respectu Anstellung eines Geistlichen bei der consecrierten Kapellen zu Prunsee.*[56]

Die Antwort des Bischofs vom 6. November 1767 ist jedoch eindeutig negativ: So seien es *nach eingeholt untrüglichen Unterricht meisten Theils die zur Pfarr Straden gehörige Pfarr-Kinder*, die ihr Geld nach Helfbrunn tragen und außerdem gehöre Helfbrunn zur Pfarre Straden, weshalb das Geld auch dorthin abzuliefern und nicht für die Bezahlung eines Geistlichen in der Brunnseer Schloßkapelle zu verwenden sei. Der Vorrang der Stradener Pfarrkirche wird mit ausgiebigen Zitaten aus dem kanonischen Recht belegt, zusätzlich wird auf *unzählige authores* hingewiesen, die diese Meinung vertreten, *so man Weitläufigkeit halber nicht anführen will.* Das Ansinnen des Grafen von Brandiß könne auch deshalb nicht gebilligt werden, da *die Verwendung dieser Opfer-Gelder zu Ausstellung*[!] *eines beständigen Beneficiatuus zu Brunsee nur lediglich die Bequemlichkeit der dortigen Herrschaft zur Endabsicht haben könnte* und man *von Seite des Ordinariats gar keine Nothwendigkeit finde, einen Beneficiaten alldort aufzustellen.* Es wird sogar von der *Willkür eines Privaten* gesprochen, da es allein der Kirche obliege, die Notwendigkeit für ein Benefiziat zu untersuchen oder *Sorge der geistlichen Funktionen halber zu tragen.* Der Bischof findet diese Errichtung eines Benefiziats als *weder nothwendig, noch nützlich zu sein, und ist durch die Erfahrung belehret worden, daß die Aufstellung der Geistlichen auf denen herrschaft-*

lichen Schlössern, bevorab wenn man denenselben die Seelsorge zugleich anvertrauet, viele Uneinigkeiten, Streite und unanständige Folgen nach sich gezogen habe. Schließlich werde auch in dem von Graf Brandiß als Argument für seinen Antrag angeführten Hinweis auf das Tridentinische Konzil festgehalten, daß *nicht alsogleich eine neue Pfarr oder Filial zu errichten oder einen Geistlichen aufzustellen geordnet, sondern vorgesehen worden, daß vorläufig nur mehrere Kapläne einen Pfarrer beigegeben werden sollen,* bevor man zur Aufgliederung der Pfarre oder zur Errichtung eines Benefiziats (*ad dismembrationem, aut erectionem beneficii*) schreite. Abschließend läßt der Bischof keinen Zweifel aufkommen, daß dem Grafen von der innerösterreichischen Regierung aufzutragen sein wird, die Opfergelder samt der Abrechnung, dem *legalen Ausweis*, an die Pfarrkirche in Straden abzuliefern.[57] Die Regierung gibt die Entscheidung an den Grafen weiter und meldet dies auch an den Bischof zurück.[58]

In der Folge gab es jedoch noch eine Reihe von Auseinandersetzungen um diese Spendengelder, da Graf Brandiß dem Dechanten gegenüber erklärt, daß nicht er, sondern Gräfin von Trauttmannsdorff als Vorbesitzerin über dieses Geld verfüge.[59] Jedenfalls beklagt Dechant Cedermann in einem Brief vom 28. August 1768, daß er von der Herrschaft nur einen Bruchteil des zunächst einbekannten Betrages bekommen sollte. Auch sei nach Auskunft des Verwalters von Brunnsee das Eingeständnis der Witwe des Wirts von Helfbrunn, daß sie noch über 170 Gulden an Spendengeldern verfüge, widerrufen worden.[60] In weiterer Folge scheint man sich zumindest bezüglich der seit dem Tod des Grafen von Trauttmannsdorff eingegangenen Gelder geeinigt zu haben, denn vom 13. November 1768 datiert eine herrschaftliche Aufstellung der eingegangenen Spenden, die allerdings nicht der vorher genannten Summe entspricht:

Verrechnung Von der Helfbrunnischen Kapellen	*f. Xr. d*
Von 9ten April 1764 bis Ende 1765 ist der Wirth alda, Johann Timauer, an übernommenen Opfergeld restierend verblieben, so ich nach seinen Hinscheiden von dessen Vermögen eingebracht	*50/—/—*
Den 24ten Oktober 1766 seind mir durch dem Amtman Phillip Müllner und Hanns Paz als angestöllten Aufsehern übergeben worden	*42/17/—*
Den 24ten Oktober 1767 seind mir abermahlen behändiget worden ...	*31/40/—*
Den 17ten November 1768 desgleichen von ihnen empfangen	*36/—/—*
Summa	*159/57/—*

Ausgaben

Den 24ten Oktober 1766 zahle dem Amtmann Phillip Millner für	
Reparation an Helfbrunn	*3/30/—*
Den 24ten Oktober 1767 zahle mehr ihm für Reparation	*1/—/—*
Dann ihnen beiden Aufsehern für die Obsicht und Bäder Säubern ab	
2 Jahr bezahlt	*10/—/—*
Den 13ten Oktober 1768 desgleichen wegen solcher Verrichtung	*5/—/—*
Summa	*19/30/—*
Über Abzug befinden sich in der Kassa vom 9ten April 1764 bis Ende	
768 bar	*140/27/—*
Item ungangbare Münz	*1/54/—*[61]

Interessant sind dabei vor allem die Hinweise auf die Reparaturen und auf die beiden Aufseher, die für Aufsicht und Säubern der Bäder bezahlt wurden.

In der Quittung sollte der Dechant bestätigen, für die Zeit vom 10. April 1764 bis 13. November 1768 das eingegangene und verrechnete Spendengeld übernommen zu haben und keine weiteren Ansprüche mehr zu stellen.[62] Diese Bestätigung wurde offenbar nicht erteilt, sondern der Bischof schreibt auf Bitten des Dechanten an Kaiserin Maria Theresia, wobei er die Sachlage nochmals genau schildert und bittet, *zufolge der abgefaßten ersten Verordnung dem Herren Grafen von Brandiß aufzutragen, daß selber ohne weiteren Umtrieb das bei den sogenannten Helfbrunn pro praeterito eingegangene Opfer nebst einen legalen Ausweis dem Pfarrherrn zu Straden behändigen und auf solche Art auch in Futurum continuieren* [fortfahren] *solle.*[63] In der Antwort wird mitgeteilt, daß die Angelegenheit der *in Milden Stiftungs Sachen angeordneten Commission* übergeben wurde, um die Sache gütlich zu regeln. Sollte dies nicht gelingen, werde ein weiteres Schreiben ergehen.[64] Da so ein Schreiben weder im Original erhalten ist noch in den Ordinariatsprotokollen der nächsten 15 Jahre aufscheint, ist anzunehmen, daß der Streit um die Spendengelder damit endgültig beigelegt wurde.

Die örtlichen Gegebenheiten

Die Existenz irgendeiner Art von Kapelle ist also den verschiedenen Beschwerdeschreiben und Berichten eindeutig zu entnehmen. Auch wenn es sich dabei nur um ein hölzernes und mit Brettern verschlagenes Bauwerk gehandelt hat, so bleibt doch verwunderlich, daß dieses Gebäude im Franziszeischen Kataster, dem ersten Kataster, der auch Planskizzen enthält und der für Ratschendorf im Jahr 1821 erstellt wurde, nicht eingetragen ist. Die Kapelle muß auf der Grundparzelle Nr. 1621, an der Grenze zur Grundparzelle Nr. 1620 gestanden haben. Diese Parzelle war zu dieser Zeit als Ackerparzelle mit 3 Joch und 77,8 Quadratklafter ausgewiesen und gehörte dem Anton Konrad vulgo Marxschneider, einem Keuschler in Ratschendorf 5, der insgesamt über 7 Joch und 568,3 Quadratklafter Grund verfügt.[65] Noch 1820 scheint Anton Konrad in den Ergänzungsoperaten des Josefinischen Katasters mit nur vier Grundparzellen mit zusammen 5 Joch 1401 Quadratklaftern auf, der Besitz konnte also in der kurzen Zeit offenbar um knapp 1,5 Joch erweitert werden.[66] Der schon von Dechant Kreuzer als Zeuge gegen Michael Tell erwähnte *Märthin Glaminger oder Schneider bey den Helffbrun* müßte aufgrund des Vulgo-Namens ein Vorgänger des Besitzers von 1821 sein.

Das Gehöft des Anton Konrad besteht 1821 aus einem Wohnhaus, einer Scheune und einem Keller, die auf den drei Bauparzellen 68, 69 und 70 mit einer Gesamtfläche von 118,5 Quadratklafter errichtet sind. Das Wohnhaus dieses Gehöfts ist nach der Eintragung im Kataster bereits ein reiner Mauerbau, was auf einen jungen Baubestand schließen läßt.[67] Die Nachbarparzelle von Grundparzelle 1621, ebenfalls eine Ackerparzelle, ist im Besitz des Franz Schantl vulgo Zösche, Keuschler und wohnhaft in Ratschendorf 2, und hat eine Größe von 4 Joch und 91 Quadratklafter. Der gesamte Grundbesitz des Franz Schantl beträgt um diese Zeit 5 Joch und 1437,3 Quadratklafter.[68]

Bereits im Josefinischen Kataster von 1787 erfahren wir, daß die fragliche Grundparzelle im Ried *Feldleitenacker* liegt (später Felleiten genannt), einem *Feldried mit 3 Häuser enthalten.* Als Besitzer dieser Parzelle wird Michael Trummer vulgo Marxschneider genannt. Dieser hat unter der Nummer 680/163 im Nachbarried *Klein Eggartacker*, einem *Feldried mit Acker und Wiesen vermischt*, einen Acker inne. Dazu kommen im Ried Feldleitenacker unter Nummer 693/12 das *Haus des Michael Trummer v. Marxschneider No. 5 dienstbar nach Brunnsee*, unter Nummer 694/13: *Dessen nebenanliegender Acker*, Nummer 695/15: *Dessen nebenliegendes Fürhapp*[69] und unter Nummer 696/15: *Dessen zweiter Acker dem vorigen anliegenden Neubruchacker.*[70]

Abb. 6: Ausschnitt aus dem Franziszeischen Kataster.

In der Subrepartitionstabelle von 1755 des Maria-Theresianischen Katasters ist unter der Urbarnummer 125 ein Jacob Koller als Vorgänger des Michael Trummer genannt und dient *Von ein Häusl, Garten und Acker* 3 Kreuzer und 3 Pfennig Rustikal- sowie 20 Kreuzer Urbarialabgaben.[71]

Die aus dem Vulgarnamen und aus den Besitzbezeichnungen entstehende Vermutung, daß es sich hier offenbar um Ansiedlungen von Keuschlern auf bzw. am Rande von ehemaligem Gemeindeland handelt, wird bestätigt durch einen Blick in das Grundbuch der Alten Reihe: Hier werden der unter Urbarnummer 125 genannte Anton Konrad und seine Frau Theresia sowie sein Vorgänger Michael Trumer als *Keuschler auf der Gmein* bezeichnet.[72]

Das Grundbuch der Neuen Reihe enthält unter U 125, Stiftnummer 539, Marx, folgende Eintragung: *Anton Konrad und Theresia dessen Eheweib besitzen einen Keuschengrund und einen Gemeingrundtheil, welche Realität zusammen sie laut Kaufvertrag vom 14ten und Schirmbrief 19ten Juni 1791 käuflich überkommem um 380,– [Gulden].[73]*

Die Helfbrunner Kapelle stand also auf ursprünglichem Gemeindegrund. Ob bei der Errichtung der Kapelle dieser Grund noch gemeinschaftlich genutzt wurde oder bereits vergeben war, kann allerdings nicht geklärt werden, zumal auch die genauen Anfänge der Kapelle unklar bleiben.

Der Kapellenneubau

Um die Mitte des 19. Jahrhunderts gelingt den Ratschendorfern das, was ihnen seit langer Zeit ein Anliegen ist: Sie werden von Straden nach Mureck umgepfarrt und haben nun einen wesentlich kürzeren Weg zu ihrer Pfarrkirche zurückzulegen. Die Einstellung des neuen Pfarrherren zu Maria Helfbrunn ist nun eine völlig andere,[74] auch wenn diese Entwicklung mangels geeigneter Quellen nicht genau nachvollzogen werden kann.

Im Februar 1856 unternimmt der Kirchenvorstand von Mureck, Pfarrer Franz Ruedl (Abb. 7), Johann Kollettnigg als Kirchenpropst und Josef Ellegast als 2. Kirchenpropst,

34

einen Vorstoß in Richtung Kirchenneubau, indem er eine Eingabe an das fürstbischöfliche Ordinariat in Graz macht:

In dem hiesigen Pfarrbezirke besteht seit undenklichen Zeiten eine Kapelle, wo sich in der Nähe auch eine Brunnquelle, die als Bad gebraucht wird, befindet, daher wahrscheinlich die Benennung dieser Kapelle zur Maria Helfbrun kommen mag.

Diese Kapelle ist ganz von Holz gebaut und mit Läden eingeschlagen, 5 Quadrat-Klafter im Umfange, mit einem Altare mit der Statue der Mutter Gottes, zu welcher die Gläubigen ein großes Vertrauen haben, so daß zahlreiche Wallfahrter selbst von weitentfernten Orten dahin kommen. Durch die Länge der Zeit ist aber diese Kapelle so schadhaft geworden, daß sie keiner Reparatur mehr fähig, daher der Fortbestand derselben in Frage gestellt ist.[75]

Der Beginn des Briefes zeigt, daß die Wallfahrt in Maria Helfbrunn zu dieser Zeit bereits fest etabliert ist, wenn es auch keine Auskünfte darüber gibt, wie viele Messen dort gehalten werden. Der Zulauf von Hilfesuchenden dürfte jedenfalls sehr rege gewesen sein. Die Auseinandersetzungen bei der Entstehung der Wallfahrt sind offenbar bereits völlig vergessen, oder sie werden nicht mehr erwähnt, um keine unnötigen Schwierigkeiten zu verursachen. Auffällig ist jedoch die Erwähnung der Holzkapelle mit einer verbauten Fläche von knapp 18 m^2, wurde doch schon 1729 von einer fast fertigen gemauerten Kapelle gesprochen (s. o.). Diese Kapelle wurde offenbar nie fertiggestellt und verfiel daher, oder sie mußte wieder abgebrochen werden. Auf alle Fälle erfüllte jedoch die bestehende Holzkapelle die Anforderungen nicht mehr.

Dieser Umstand hat ein hiesigen Pfarrkind zu dem Entschluß gebracht, unter gewissen gestellten Bedingungen eine neue Kapelle zu erbauen. Dasselbe wurde aber durch den Tod abgerufen, ohne sein gutes Werk in Vollzug setzen zu könen. Um dennoch den Bau dieser Kapelle zu Rande zu bringen, hat dasselbe in seiner letztwilligen Anordnung, welche in Abschrift beigelegt wird, ein Legat für diese Kapelle gemacht.

Dieser Beilage nach haben Franz und Anna Leber in Ihrem Testament vom 19. 12. 1851 für den Neubau folgendes Legat gemacht: 10.000 Mauerziegel, 3.000 Dachziegel, 100 Hohlziegel, 100 breite Ziegel, die zusammen mit ca. 250 fl CM zu veranschlagen seien.[76]

Es wurden deshalb bereits ein Bauplan und ein Kostenvoranschlag durch den Maurermeister Michael Prisching erstellt, aus denen hervorgeht, daß aus der Kirchenkasse, *welcher auch das nicht unbedeutende Opfer dieser Kapelle zu nutzen kommt*, noch immer 439 fl 9 Xr CM für die Errichtung der gemauerten Kapelle zuzuschießen wären. Insgesamt wird der Neubau als sehr wünschenswert erachtet, was durch die folgenden fünf Punkte untermauert werden soll:

1. Kann nur auf diese Weise die letztwillige Anordnung executiert werden.

2. Kann die alte Kapelle in dem gegenwärtigen Zustande nicht mehr fortbestehen.

3. Würde die Pfarrkirche durch den Eingang dieses Wahlfahrtsortes in dem Einkommen sehr verkürzt werden, indem derselben daher beträchtliche Opfer zukommen, wie aus dem beiliegenden Ausweis ersichtlich wird.

4. Ist die Kirche im Stande, ohne Nachtheil ihrer übrigen Auslagen den fehlenden Beitrag zu leisten.

5. Haben die Gläubigen ein sehr großes Vertrauen zu diesem Wallfahrtsorte, wie es die zahlreichen Wallfahrten dahin beweisen. – Zu dem ist die Lage dieser Kapelle der Art, daß vielen Gemeinden, die von ihren Pfarrkirchen zu weit entfernt sind, um den nachmittägigen Gottesdienst daselbst besuchen zu können, dadurch die Gelegenheit gebothen ist, sich zum gemeinschaftlichen Gebethe dabei versammeln zu können, wie es bisher immer geschehen ist.[77]

Wurde also ca. 130 Jahre zuvor vom Stradener Dechanten als Argument gegen den Bau einer Kapelle erklärt, der Kirche in Straden kämen durch die Errichtung einer neuen Kapelle Opfergelder abhanden, so wird jetzt umgekehrt argumentiert, daß die Ablehnung des Neubaus der Pfarre Mureck starke Einnahmeverluste verursachen würde. Der starke Zulauf wird im 5. Punkt extra angeführt, wenn es auch keine exakten Angaben gibt. Im Gegensatz zum Stradener Dechanten unterstützt nun der Pfarrer von Mureck auch durchaus das private Gebet in der Kapelle, wenn der Weg zur nächstgelegenen Pfarrkirche zu weit ist.

Um der Bitte nach einem Neubau noch zusätzlich Nachdruck zu verleihen und die Entscheidung möglichst zu beschleunigen, wird festgehalten, daß das Legat für den Kapellenneubau in Form von Baumaterial bereits von den Erben zur Verfügung gestellt wurde. Es muß aber von dem Platz, *wo es bisher nur aus Gefälligkeit vor der Ungunst der Witterung sicher aufbewahrt war,* geräumt werden und laufe so Gefahr, zugrunde zu gehen.[78]

Die Antwort des Ordinariats ist prinzipiell positiv:

Da nach dem Berichte vom 18. d. M. die Kapelle Maria Helfbrunn von vielen Gläubigen andächtig besucht wird, und hiebei auch viel Opfer einfließt, welches in den letzten 10 Jahren mit 430 f CM an die Kirchenkasse abgeführt wurde, so ist das Ordinariat nicht abgeneigt, zur neuen Herstellung derselben einen namhaften Beitrag aus der Kirchenkasse zu bewilligen.[79] Allerdings gibt es noch

Bedenken, weil die Pfarrkirche *zur Tragung solcher fremder Kosten nicht berufen ist* und solche Kapellen immer Opfergelder von der Pfarrkirche abziehen. Man solle deshalb versuchen, *ob nicht die noch übrigen Kosten großentheils durch freywillige Beiträge gedeckt werden können,* und danach die Eingabe nochmals vorbringen.[80] Daraufhin wird mit Datum vom 7. März 1856 vom Murecker Kirchenvorstand nochmals darum gebeten, 350 Gulden aus der Kirchenkasse zum Bau zuschießen zu dürfen. Ein gewichtiges Argument dabei ist, *daß bei besserer und soliderer Herstellung dieser Marienkapelle das Opfer noch reichlicher einfließen und die Erhaltung jedenfalls weniger kosten dürfte.* Außerdem seien ohnedies schon zahlreiche private Spenden und Dienstleistungen eingeplant, sodaß kaum weitere Spenden zu erwarten seien.[81]

Offenbar konnte mit dem Bischöflichen Ordinariat eine Einigung erzielt werden, und so konnte 1856 also das lang ersehnte Ziel einer eigenen, kirchlich genehmigten Kapelle erreicht und die Anerkennung des Ortes durchgesetzt werden. Pfarrer Franz Ruedl bittet in einem Schreiben vom 14. September 1856, *Hochwürdigen Herrn Canonicus Mathias Robitsch kk. Professor in Gratz,* der zu dieser Zeit gerade in Mureck weilt, die Weihe der am 12. März 1856 genehmigten Kapelle vornehmen zu lassen, *und zwar am 19. Sonntag nach Pfingsten, das ist am 21. des Monats nach dem Wunsche der hohen Herrschaft zu Brunsee, welche sich um die Herstellung und Ausschmückung dieser Kapelle bestens verdient gemacht hat, indem dieselbe der Weihe mit der ganzen Familie beizuwohnen wünscht, was nicht geschehen könnte, da sie schon nächste Woche auf längere Zeit von hier abwesend sein wird.*[82]

Pfarrer Ruedl beschreibt dann in der Folge den Bau, um die Genehmigung für die Weihe zu erleichtern: *Der Bau wurde ganz nach dem vorliegenden Bauplane, aber in vergrößerten Maßstabe aufgeführt, so die Länge der Kapelle 6 Klafter, die Breite 3 Kftr und 1 Schuh, und die Höhe 18 Schuh beträgt, und ist mit Ziegeln eingewölbt, und einen schönen Altar (ebenfalls ein Geschenk der hohen Herrschaft) mit der alten, nun renovierten Muttergottesstatue versehen, weil die Pfarrgemeinde sehnlichst wünscht, für diese Kapelle ein Meßlizenz zu erlangen.*[83] Die stillschweigende Abänderung der zunächst beantragten Dimensionen der Kapelle wird also als Nebensächlichkeit abgetan und sofort auf die schöne Ausstattung als Grundlage für eine Meßlizenz hingewiesen. Zwei Tage später wird die Einweihung genehmigt[84] und kann somit nach dem Vorschlag des Pfarrers durchgeführt werden.

Beschaffenheit und Ausstattung der Kapelle werden aber auch in der Presse geschildert, und zwar in der Samstags-Beilage des „Katholischen Wahrheitsfreundes": *Der Zahn der Zeit hatte an diesem Häuschen* [der alten Kapelle] *manches Brett an der Wand und Dache morsch und locker gemacht; daher hatten die Gläubigen dieser Pfarre keinen anderen Wunsch, als Maria eine neue Kapelle, und zwar nicht aus Holz, sondern aus Ziegeln zu bauen. … Ein Nachbar der Kapelle, den die Vorsehung Gottes in den Spekulationen besonders begünstigte, bestimmte einiges Baumateriale, Se. Exzellenz Hektor Lucchesi Palli Duca della Grazia – Inhaber von Brunnsee-Weinburg – das hierzu nöthige Holz. Also wurde das Frühjahr 1856 zum Baue bestimmt. Wie bei jedem Kirchenbaue, so auch hier, suchte man einen geeigneten Platz. Einige meinten, der Alte verdiene den Vorzug, er ist geschichtlich merkwürdig; Sachverständige jedoch schlugen den lieblichen Hügel, aus welchem die Quelle fließt, hierzu vor, wo die Kapelle weithin gesehen werden kann. Der Grundbesitzer opferte … den Platz dazu, sich glücklich schätzend, daß auf seinem Boden der Muttergottes ein Haus gebaut wird. … Der Eine brachte auf seinem Wagen, bespannt mit muthigen Rossen, Sand, der Andere Ziegel, Steine oder Holz; bald erschienen Maurer, die da auserlesen waren zum Bauen eines heil. Hauses. Jünglinge und Jungfrauen, Männer und Weiber – Viele unaufgefordert – kamen schon bei Tagesanbruche zur Arbeit, und es war eine Freude, zu sehen, wie Alles froh und heiter arbeitete; Jeder wollte den Anderen An Fleiß übertreffen; deßhalb konnte der Bau auch mit Ende Juli vollendet werden.* Der Autor erwähnt dann in seiner doch sehr pathetischen Art den *schlanken Thurm*, der *ein donnerndes Aufwärts prediget.*[85]

Für den fehlenden Altar meldete sich bald eine Spenderin: … *diese große Verehrerin der heil. Jungfrau – Ihre königliche Hoheit die Frau Herzogin v. Berry – eine wahre Mutter der Armen, die fast in jeder Gemeinde unserer Pfarre schöne gemauerte Kreuze schon errichten ließ, wo Gläubige Abends zum Gebete sich versammeln, – scheuete keine Kosten, um nur einen der Kapelle würdigen Altar zu bereiten, und der Tischlermeister, Herr Dettelbach in Gratz, hat seine Aufgabe vollkommen gelöst.*

Über die Einweihungsfeiern wird verlautbart: *Nun, obschon dieser Tag trüb und etwas regnerisch war, so strömten doch Leute auch aus fernen Gegenden herzu, um Zeuge dieses erhabenen Festes zu seyn. Um die dritte Stunde nachmittags bewegte sich die Prozession aus der Gemeinde Gosdorf – voran der Jünglings- und dann der Jungfrauenverein, jeder mit seiner Fahne zu der alten Kapelle in Helfbrunn, aus welcher die geschmückte Statue der heil. Jungfrau – umgeben von brennenden Kerzen, gehoben, und nun den Hügel herum in die neugebaute Kapelle getragen wurde. Diese Feierlichkeit an und für sich schon schön und rührend, wurde verherrlichet durch die Anwesenheit unserer hohen erstgenannten frommen Herrschaft, Hochderen drei Töchter Fräulein Komtessen Klementine, Franziska und Isabella im weißen Gewande bei der Statue der heil. Jungfrau – getragen von 8 Jungfrauen – gehend, weiße Bänder hielten. Unter Gebet und Gesang kam man zu der neuen Kapelle, die – 6 Klafter lang und etwa 3 breit, empfangend das Licht durch 4 Fenster – auf das Sinnlichste innerlich und äußerlich geziert war. Die Weihe, die genau nach dem vorgeschriebenen römischen Rituale vorgenommen wurde,*[86] wird also zusammen mit der ganzen Feierlichkeit aufs höchste gelobt; allerdings bleibt der Autor ungenannt und signiert nur mit „Sl". Eine der Gewährspersonen, die neben der Kirche wohnt und seit Jahren ein besonders inniges Verhältnis zur Helfbrunner Kirche hat (s. u.), kann sich noch an Erzählungen ihrer Großmutter erinnern, die als weiß gekleidetes Mädchen an diesem Fest teilgenommen hat.

Der Bericht über die Einweihung der Kapelle wird vom „Katholischen Wahrheitsfreund" auch zum Anlaß genommen, die früheste schriftliche Fixierung einer Entstehungslegende von Maria Helfbrunn vorzunehmen:

Die Sage erzählt, daß hier einst ein Dornbusch stand, auf welchem ein Bild der heil. Jungfrau gefunden wurde. – Die frommen Leute von der Gegend fingen an, das Bild fleißig zu besuchen und zu verehren. Diese Verehrung nahm bald zu. Einem Jünglinge in fremdem Lande erschien die seligste Jungfrau mit dem Bedeuten: er solle hierher wallfahrten, das Bild der heil. Jungfrau bei dem Brunnen aufsuchen, sich da waschen, und er wird von der Krankheit, die er schon mehrere Jahre hatte, genesen. Der Jüngling, folgend der Ermahnung Mariä, kam hierher, wusch sich in der Quelle, und siehe da, es wurde ihm geholfen; daher der Name „Maria Helfbrunn".[87]

Eine zweite Legende erzählt, daß ein Kuhhirte, der seine Herde zur Quelle führte, im Gebüsch neben der Quelle die Marienstatue fand, woraufhin man eine einfache Rindenkapelle errichtete, um die Statue aufzustellen.[88] Andere Versionen berichten, daß die Statue von den Türken geraubt und in den Brunnen geworfen worden war.[89] Schließlich wird auch das Motiv des weisenden Kultbilds überliefert: die Statue sei auf den Hügel gebracht worden, aber immer wieder zur Quelle zurückgekehrt.

Die bekannten Legenden weisen zwar gewisse gemeinsame Elemente auf (Dornbusch, Quelle, Marienstatue), sind aber im übrigen doch sehr unterschiedlich. Während die eine Version den Beginn der Wundertätigkeit zu erklären versucht, um damit die Wallfahrt als solche zu rechtfertigen, weist die andere lediglich auf den Umstand des Auffindens der Statue und der Errichtung der Kapelle hin, ohne besondere Wunder zu erwähnen. Auf eine Erwähnung besonderer Kräfte dieser Statue als Grundlage für die Entstehung eines Wallfahrtsortes wird hier verzichtet. Die Legende im Katholischen Wahrheitsfreund ist jedoch schon literarisch überformt und könnte so auch inhaltlich Elemente aus anderen Legenden enthalten. Alle bekannten Versionen deuten aufgrund ihrer Unterschiedlichkeit eher auf eine späte Legendenbildung hin, wenn auch nach Franz Leskoschek Elemente der Ursprungslegende in die Barockzeit zu datieren und so „vielleicht als letzte Ausstrahlung der Gegenreformation zu betrachten" sind.[90]

Die lange Auseinandersetzung zwischen Bevölkerung und Herrschaft auf der einen und Kirche auf der anderen Seite hatte also mit der Einweihung der Kapelle und der damit verbundenen offiziellen kirchlichen Anerkennung ein endgültiges Ende gefunden.

Abb. 8: Karoline Ferdinande Luise von Lucchesi-Palli.

Wesentliche Förderer des Kirchenbaus und der weiteren Entwicklung der Wallfahrt waren, wie bereits erwähnt, die Besitzer der Herrschaft Brunnsee. Besonders die Herzogin Karoline Ferdinande Luise von Berry (1798–1870, Abb. 8), älteste Tochter des Königs Franz I. von Neapel, zeigte sich der Wallfahrt besonders zugetan. Sie mußte nach der Ermordung ihres ersten Mannes, Charles Ferdinand, Herzog von Berry, Sohn des französischen Thronfolgers Karls X., im Jahr 1830 Frankreich verlassen und hielt sich danach zunächst in London, dann vorwiegend in Italien auf, wo sie heimlich den Grafen Hector von Lucchesi-Palli heiratete.[91]

Anläßlich ihrer häufigen Aufenthalte in Graz überlegte die Herzogin, eine steirische Herrschaft zu erwerben. Nach Besichtigung zahlreicher möglicher Besitzungen wird 1837 die Herrschaft Brunnsee ausgewählt, wobei Graf Lucchesi-Palli als offizieller Besitzer aufscheint, der Kauf aber mit dem Geld der Herzogin erfolgt sein soll.[92]

Die starke religiöse Bindung der Herzogin, die zugleich aber auch auf Repräsentation ausgerichtet war, zeigt auch die feierliche Einweihung des „heiligen Leibes" am 15. Oktober 1843 in Brunnsee. Für die vom Papst der Herzogin auf ihre Bitte hin zugesandte Reliquie, eine als neunjähriges Kind gestorbene Märtyrin, war in Rom um 600 Gulden eine Fassung angefertigt worden. Die Einsetzung fand in Anwesenheit des Fürstbischofs der Diözese Graz-Seckau, anderer hoher steirischer Geistlicher und 54 „Geistlicher minderen Ranges" statt.[93]

Der Wert der Förderung des Kapellenneubaus in Maria Helfbrunn durch die Herzogin soll durch diesen Hinweis keinesfalls geschmälert werden, doch ist diese Förderung nur als ein kleiner Randaspekt ihrer religiös motivierten Großzügigkeit zu sehen und keinesfalls als Mittelpunkt ihrer religiösen Interessen. In der zeitgenössischen Literatur wurde die finanzielle Hilfe der Herzogin für die Errichtung der Kapelle teilweise irrtümlich als Renovierung erwähnt, wie bei J.A. Janisch in seinem Topographisch-statistischen Lexikon von Steiermark.[94] Die gleiche, wohl von Janisch übernommene Meinung bringt auch K.W. Gawalewski in seinem Hand- und Reisebuch.[95]

Janisch gibt aber auch Hinweise auf die Bedeutung des Ortes für die Wallfahrer, wenn er schreibt, daß *die meisten Wallfahrer nach Maria Schnee* [heute Slowenien] *sich hier waschen, in dem Glauben, gegen die Krankheiten des ganzen Jahres im Voraus gesichert zu sein.*[96] Dieser Hinweis ist deshalb sehr wichtig, weil er zeigt, daß Maria Helfbrunn nicht nur als (lokales) Wallfahrtsziel von Bedeutung war, sondern auch als Zwischenstation bei längeren Wallfahrten gerne besucht wurde. Durch diese Situation werden auch die schon in älteren Quellen genannten Zahlen von Pilgern und Spendengeldern verständlicher.

Janisch bezeugt aber auch die große Bedeutung der Wallfahrt für die slowenischen Bewohner der Untersteiermark, wenn er den slowenischen Namen „mersla Vodica-Kapelle" überliefert, was soviel heißt wie kaltes Wässerchen. Weiter schreibt er: *In ihrer Nähe wurde in früheren Zeiten sehr häufig ein Saveršnik (Piknik der Slovenen, bei welchem jeder Gast Lebensmittel mitbringt) veranstaltet, eine heitere Sitte, die sich fast ganz schon verliert.*[97] Auch wenn Janisch dieses „Piknik" nur als solches erwähnt, so ist doch anzunehmen, daß es im Zusammenhang mit einer Wallfahrt gestanden hat, wie ja auch noch im 20. Jahrhundert, besonders nach den Kriegen, bei den Wallfahrern die Mitnahme der Jause üblich war.

Der weitere Ausbau der Wallfahrt

Der große Zustrom zur Wallfahrt führte in den folgenden Jahrzehnten zu einer Vermehrung und Erweiterung der Baulichkeiten. Zunächst wurde im Jahr 1881 eine Lourdes-Grotte errichtet. Der südfranzösische Wallfahrtsort Lourdes war 1858 durch die Visionen der Bernadette Soubirous berühmt geworden, der mehrmals eine weiße „Dame" erschienen war, die sich später als „Unbefleckte Empfängnis" zu erkennen gab und die Errichtung eines Heiligtums, Prozessionen, Gebete und Buß-

Abb. 9: Der ursprüngliche Bauzustand der Lourdes-Grotte nach einer Ansichtskarte (um 1925).

übungen forderte. Besondere Bedeutung erlangte die in der Grotte entspringende Quelle, deren Wasser gemäß der Erscheinung als Getränk und zum Waschen verwendet werden sollte. Nach der kirchlichen Bestätigung der Erscheinungen durch den Bischof von Tarbes, 1862, wurde gemäß den Schilderungen von Bernadette Soubirous eine Statue errichtet, und 1876 konnte die über der Grotte erbaute Kirche eingeweiht werden, die noch im gleichen Jahr von Papst Pius IX. Titel und Rechte einer Basilica minor verliehen bekam.[98] Der schnelle Aufstieg dieses Wallfahrtsortes führte – im Zusammenhang mit der speziellen Frömmigkeit der Zeit – zu einer relativ raschen Verbreitung von Lourdes-Grotten.

Im Zuge dieser Entwicklung wurde auch die Helfbrunner Grotte errichtet. Der Bau erfolgte an jener Stelle, wo die Statue der Überlieferung nach gefunden wurde und wo auch die Vorläufer der 1856 errichteten Kapelle gestanden waren (Abb. 9). Bei der Ausstattung waren der Überlieferung nach wieder Angehörige der Herrschaft Brunnsee beteiligt und stifteten zwei silberne Herzen, die allerdings nicht mehr vorhanden sind.[99]

Der Zustrom zur Wallfahrt war in den folgenden Jahren offenbar so groß, daß die Kapelle den Anforderungen nicht mehr genügen konnte. Es wurde also eine Erweiterung des bestehenden Baues in Angriff genommen. Dazu mußten zunächst die rechtlichen Grundlagen hinsichtlich des Grundbesitzes geschaffen werden, da die Kapelle bisher noch immer auf Privatgrund stand.

Mit Schreiben vom 15. Juli 1897 bitten daher Pfarrer Johann Lopič (Abb. 10) und Kirchenpropst Michael Rehogger das Bischöfliche Ordinariat um die Genehmigung zum Grundankauf: *Das kk. Bezirksgericht Mureck hat unterm 1. März 1897, Z. 2523 mit Hinweis auf das Gesetz v. 23. Mai 1883 § 2e–§ 43 R.G.B. No. 82 & 83 die Aufforderung anher gerichtet, die zur hiesigen Pfarrkirche gehörige Filiale Maria-Helfbrunn in Ratschendorf (Wallfahrtskapelle samt Brunnengrotte), welche bisher auf der Ackerparzelle No. 1621/2 der Grundbesitzerin Theresia Konrad* gestanden, *expropriieren* [aus dem Besitz herauslösen] *und in das Eigenthum der Kirche Mureck grundbücherlich einverleiben zu lassen.*[100]

Weiters hält Pfarrer Lopič fest: *Bei diesem Anlasse empfahl es sich, nicht bloß den Boden, worauf die Kapelle und Brunnengrotte steht, für die Kirche zu expropriieren, sondern auch dazu so viel Raum ringsum anzukaufen, daß die Wallfahrer darauf genügend Platz finden könnten, ohne auf fremdem Boden stehen zu müssen.*[101]

Bis zu diesem Zeitpunkt mußte der Platz um Kapelle und Grotte von den drei Anrainern Theresia Konrad, Anton Krenn und Josef Pock jährlich gegen Vergütung abgelöst werden, und der Kirchenvorstand glaubte daher, *bei dieser günstigen Gelegenheit von den drei erwähnten Anrainern eine Bodenfläche per zusammen 568 Quadrat Klafter um den Gesamtpreis per 257 fl 60 Xr ankaufen zu sollen.*

Für den Ankauf hatte bereits Maria Kolroser aus Ratschendorf einen Beitrag von 100 Gulden gespendet, und der Restbetrag sollte ebenfalls durch freiwillige Beiträge und Sammlungen gedeckt werden, sodaß die Kirchenkasse nicht belastet wäre, *obwohl sie von der Helfbrunner-Kapelle jährlich einen Opferertrag pr. 90–100 fl bezieht.*[102] Abschließend betont der Kirchenvorstand nochmals, wie günstig dieser Ankauf auch für die Pfarrkirche Mureck sei und daß man, um den Abschluß nicht hinauszuzögern, von der Vorlage weiterer Unterlagen absehen möge.

Abb. 10: Der Murecker Pfarrer Johann Lopič.

Nach einer Aufstellung im Bischöflichen Ordinariat sollten von Theresia Konrad 346 Quadratklafter um 138 fl 40 Xr angekauft werden, von Anton Krenn 158 Quadratklafter um 63 fl 20 Xr und von Josef und Maria Pock 70 Quadratklafter um 56 fl.[103] Das ergibt jedoch in Summe 574 Quadratklafter. Trotz der Differenz von 6 Quadratklafter zur Summe im eingereichten Ansuchen wird, unter dem Vorbehalt, daß die Grundstücke schuldenfrei sind, der Ankauf genehmigt.[104]

Eineinhalb Jahre später, am 17. Jänner 1899, fordert das Ordinariat den Pfarrer von Mureck auf, über die weiteren den Ankauf betreffenden Vorgänge zu berichten,[105] doch

erst am 15. September berichtet der Kirchenvorstand, daß der Ankauf durch Spenden finanziert und bereits vollzogen und die Eintragung ins Grundbuch ebenfalls erfolgt sei. Jedoch sei ein Hinweis auf die Zugehörigkeit der Filialkirche Maria Helfbrunn zur Pfarrkirche Mureck unterblieben. Wenn dieser Hinweis nachträglich zu vermerken sei, so müsse ein entsprechender Auftrag vom Ordinariat erfolgen.[106] Das Ordinariat moniert nun zwar, daß die unterfertigten Verträge nicht vorgelegt wurden und auch die Unterfertigung von seiten des Kirchenvorstands nicht ordnungsgemäß erfolgte, aber: *Da nun die Eintragung ins Grundbuch anstandslos stattfand, so glaubt das Ordinariat die Sache auf sich beruhen lassen zu sollen.*[107] Die Eintragung der Murecker Pfarrkirche erfolgte auch später nicht mehr. Im Grundbuch Ratschendorf wird unter EZ 232 vermerkt: *Auf Grund des Erhebungsprotokolles sub Post 134 wird das Eigenthumsrecht auf diesen Grundbuchs-Körper in Folge der Besitzung für die röm. kath. Filialkirche Maria Helfbrunn einverleibt.*[108] Die Kaufverträge für den Erwerb der Grundparzellen waren mit 1. August 1897 datiert, also nur zwei Wochen nach der Genehmigung durch das Ordinariat. Die Eintragung ins Grundbuch erfolgte im März und Mai 1898. Eine Meldung über den erfolgten Ankauf wurde von Pfarrer Lopič offensichtlich nicht für notwendig gehalten, bis die Aufforderung zur Berichtlegung erfolgte.

Abb. 11:
Einweihung
des neuen
Altars am
2. Mai 1914.

44

Da die Besitzung nun aus einer Vielzahl von Kleinstparzellen bestand, wurde in den Jahren 1902 und 1910 in zwei Schritten eine Zusammenlegung dieser Teile zu einer einzigen Parzelle durchgeführt. Erst im Jahr 1960 wurde dann von der als *Bauarea* bezeichneten Parzelle eine Gartenparzelle abgetrennt.[109]

Nach der erfolgten Grundstücksbereinigung konnte also auch der Neubau der Filialkirche durchgeführt werden. Leider sind darüber keine Unterlagen erhalten, sodaß allein der erhaltene Baubestand und die Inschrift im Inneren der Kirche Hinweise geben können (s. u.). Im Gegensatz zu 1856 ist diesmal nicht überliefert, wer die Einweihung der neuen Filialkirche vorgenommen hat.

16 Jahre nach der Einweihung der Filialkirche wurde der Altar, der offensichtlich noch aus der alten Kapelle stammte, durch einen neuen ersetzt. Dieser neue Altar wurde nach Aussage von Johann Rauch, Straden, von der Firma Anton Zenz in Ehrenhausen geliefert. Rauchs Großvater war damals Gehilfe bei dieser Firma und konnte sich noch erinnern, daß ein Südtiroler namens Freiner die Schnitzarbeiten ausgeführt hat.

Die Einweihung des Altars am 2. Mai 1914 wurde als großes Fest gefeiert (Abb. 11) und stellte auch lange Zeit den Anlaß für einen jährlichen Festtermin dar. In einem Hinweis auf die Festlichkeit im Sonntagsboten vom 26. April 1914 wird die *Weihe des neuen marmornen Hochaltars* erwähnt, wodurch *der beliebte Gnadenort … zu größerem Ansehen kommt*.[110]

Nach der Feier erfolgt am 10. Mai ein genauer Bericht im Sonntagsblatt: *Am Freitag den 1. Mai um 6 Uhr abends ließen Freudenschüße die Luft erzittern und verkünden, daß Festesfreude in unserem Dorfe herrsche. Am 2. Mai hatten wir das große Glück, unseren Oberhirten Exzellenz Fürstbischof Dr. Leopold Schuster in unserem Orte zu empfangen. Dieser Tag war für uns ein Ehrentag, denn seit Menschengedenken war es noch nie vorgekommen, daß ein Fürstbischof unser Dorf beehrte. … Unter dem Donner der Kanonen kam Exzellenz mit dem Viertel Neunuhrzug in Gosdorf an, wo er zuerst von der hochw. Geistlichkeit v. Mureck, von Ehrenjungfrauen und der Gemeindevertretung empfangen wurde. Fräulein Pepi Lederhaas brachte das Festgedicht zum Vortrage und Fräulein Pepi Niederl überreichte ein herrliches Bukett. Auch Herr Gemeindevorsteher Franz Muchitsch hielt eine Begrüßungsansprache.*

Abb. 12: Der „alte" Altar von Maria Helfbrunn.

45

Nach der Begrüßung begab sich der hochw. Fürstbischof, sowie die Geistlichkeit, die Gemeindevertretung, sowie die Ehrenjungfrauen zu den bereitstehenden Wagen und fuhren unter dem Geläute aller Glocken nach Maria Helfbrunn. Beim Dorfeingange errichteten wir einen schönen Triumphbogen, und von den beiden Kapellen flatterten die Fahnen zum Zeichen, daß wir treue Österreicher und Katholiken sind. Beim vulgo Ziegelkropf-Kreuz, wo auch ein Triumphbogen errichtet war, fand der zweite Empfang, und zwar von Seiten der Gemeinde Ratschendorf, statt. Hier sprach Frl. Pepi Leber das Festgedicht und Frl. Berta Leber überreichte Exzellenz ein sehr schönes Bukett. Der Gemeindevorsteher von Ratschendorf hielt ebenfalls eine Begrüssungsrede. Nach der Begrüßung fand der Einzug unter Beisein von zwölf Priestern in Maria Helfbrunn statt, um dort den neuen Gnadenaltar zu weihen.[111] Die Einweihung wird also in sehr lokalpatriotischer Weise und Ausführlichkeit gefeiert, die große Anteilnahme der Bevölkerung ist auch auf dem überlieferten Foto zu sehen.

Von mehreren Gewährsleuten wurde erwähnt, daß der Altar einmal mit dem in Siebing ausgetauscht worden sein soll, wobei die Zeit um 1920 genannt wird. Recherchen in Siebing ergaben, daß anläßlich der Renovierung der Siebinger Kapelle 1913/14 tatsächlich der Helfbrunner Altar erworben wurde.[112] Da der Zeitpunkt mit der Einweihung des neuen Helfbrunner Altars übereinstimmt, erscheint dies zunächst als gesichert. Eine Abbildung des alten Helfbrunner Altares auf einer Ansichtskarte der Jahrhundertwende (Abb. 12)[113] stimmt jedoch nicht mit dem jetzigen Siebinger Altar überein, sodaß der genaue Hergang zur Zeit nicht geklärt werden kann.

Die Filialkirche und die Grotte

Der bestehende, 1898 errichtete Kirchenbau ist ein einfaches, neobarockes Bauwerk, bei dessen Errichtung Teile der Kapelle von 1856 mitverwendet wurden. Dies wird auch über der Öffnung zum Altarraum in zwei untereinanderliegenden Spruchbändern festgehalten:

Anno 1856 erexit sacellum hoc paroch(us) Franz Ruedl in honorem B. V. Mariae de „Helfbrunn" Anno 1898 amplificavit – / turri, navi, sacristia adnexa – paroch(us) Joan. Lopič in Perpetuam memoriam diamantini Jubilaei presby- / teratus Leonis XIII. Papae necnon aurei Jubilaei Imperatoris Nostri Francisci Josephi I. / S. Maria auxilium Christianorum – ora pro nobis! (Im Jahre 1856 errichtete diese Kapelle Franz Ruedl zu Ehren der Seligen Jungfrau Maria von Helfbrunn. Im Jahre 1898 erweiterte – mit Turm, Schiff, angefügter Sakristei – Pfarrer Johan. Lopič im ewigen Gedenken des diamantenen Priesterjubiläums von Papst Leo XIII. und des goldenen Jubiläums unseres Kaisers Franz Joseph I. Hl. Maria, Hilfe der Christen – bitte für uns!).

Beim Verlegen des neuen Fußbodens wurden, nach Angaben von Stadtpfarrer Franz Weiß, Grundmauern der alten Kapelle gefunden, die zeigen, daß die alte Kapelle im wesentlichen dem jetzigen Chor entspricht und nur etwas länger war. Das Kirchenschiff, der Turm und die Sakristei wurden 1898 neu errichtet.[114]

Die Ausstattung im Inneren ist einfach und relativ sparsam (Abb. 14). Die ursprüngliche mehrfarbige Bemalung, die auf Ansichtskarten festgehalten ist (Abb. 13),[115] ist nicht mehr erhalten. Beherrschend ist der 1914 eingeweihte Altar mit einem Altartisch aus weißem und rosa Marmor. Der hölzerne Altaraufsatz ist in einem gebrochenen Weiß gestrichen und mit Blattgold und Goldfarbe dekoriert. In der zentralen Nische über dem Sakramentshäuschen, die hellblau und rosa bemalt ist, ist die barocke Gnadenstatue zu sehen. In der linken und rechten Nische sind Statuen von Joachim und Anna zu finden. Die Rückseite des Altars ist im unteren Teil voll mit den Namen von Votanten. Zusätzlich zum Namen ist teilweise das Datum des Besuches vermerkt. Die älteste erkennbare Eintragung stammt bereits aus dem Jahr 1916, ist also nur um zwei Jahre jünger als der Altar. Der zeitliche Schwerpunkt liegt in den 20er Jahren. Eine genaue Analyse ist jedoch nicht mehr möglich, da durch Überschreibungen und Abrieb die Schrift nur mehr teilweise zu entziffern ist.

Im Altarraum sind links und rechts stark übermalte Statuen einer Fatima-Madonna und des hl. Josef mit Jesuskind zu sehen. Ein Ölgemälde, das Maria auf der Mond-

sichel, umgeben von Engeln zeigt, ist mit „Roschkaritz 1890" signiert. Ein Ölgemälde des hl. Franziskus, datiert 1887, könnte vom gleichen Maler stammen. Die ursprünglich dort hängenden Gemälde, die auf den frühen Ansichtskarten festgehalten sind, wurden nach Mureck transferiert. Am rechten vorderen Rand des Altarraumes befindet sich eine ovale Wandnische, die ein Relief der Herzogin von Berry zeigt. Im Kirchenschiff mit seiner einfachen Bestuhlung ist ein Kreuzweg aus Drucken in Blankholzrahmen zu sehen.

Im Turm, der über die kleine Empore zu erreichen ist, hängt das Geläute, das aus zwei Glocken besteht. Die größere trägt ein Emblem mit dem Text „GLOCKENGIESSEREI ST. FLORIAN 1950" und auf gleicher Höhe Reliefs einer Madonna auf dem Halbmond, des hl. Josef mit Jesuskind und eines nicht eindeutig bestimmbaren Heiligen. Am unteren Rand der Glocke steht folgender Text: „PFARRE MURECK-HELFBRUNN · GEGOSSEN IM JAHRE 1729 VON FRANZ ANTON WEYER IN GRAZ · UMGEGOSSEN IM JAHRE 1950 VON DER GLOCKENGIESSEREI ST. FLORIAN BEI LINZ". Am oberen Rand der Glocke ist der Spruch „O MARIA HILF UNS ALLEN IN UNSERER TIEFSTEN NOT" zu lesen. Die kleine Glocke trägt ein Relief einer Madonna mit dem Kind und darüber Rankenwerk. An der der Madonna gegenüberliegenden Seite ist in Kapitälchen folgender Text zu lesen: „GEGOSSEN VON / ERNEST SZABO / IN GRAZ 1919. / OP 1540".

Die Grotte wurde, wie bereits erwähnt, 1881 unter Pfarrer Johann Lopič an der Stelle der Vorläuferbauten der Kapelle errichtet. Sie stellt einen Bau auf nahezu quadratischer Grundfläche dar, der an seiner Rückseite durch eine

Abb. 13: Die neobarocke Bemalung nach einer Ansichtskarte (vor 1967).

Abb. 14: Das Innere der Filialkirche.

48

Apsis, die in den Hügel hineingebaut ist und die eigentliche Grottennische enthält, erweitert ist. Das flachgeneigte Satteldach ist an
der Frontseite durch einen Blendgiebel mit der Aufschrift „Maria
Helfbrunn" abgeschlossen, der von einem Steinkreuz bekrönt
wird. Eine Rundbogenöffnung an der Front ist mit einem schmie-
deeisernen Gitter abgeschlossen, zwei etwas kleinere an den
Seitenwänden ermöglichen den Zugang in den Innenraum. Die
Außengestaltung ist durch eine Quaderung gekennzeichnet, die
bis auf den Sockel die gesamte Außenfläche umfaßt.

Vor der Frontseite befindet sich ein kleines Bassin, in das drei
Stufen hinabführen und das durch ein schmiedeeisernes Gitter
abgesichert ist.

Im Inneren ist die aus groben Steinen gemauerte Grottennische
mit einer Statue der Lourdes-Madonna ebenfalls durch ein
schmiedeeisernes Gitter abgeschlossen (Abb. 5). Der Raum davor
wird durch den Brunnen beherrscht, der ursprünglich ein Schöpf-
brunnen war, aus hygienischen Gründen jedoch mit einem Pump-
werk versehen wurde.

Die heutige Außenansicht (Abb. 16) entspricht der auf einem Andachtsbild der Jahr-
hundertwende überlieferten. Zwischenzeitlich waren nur Quaderungen um die drei
Bogenöffnungen vorhanden, das Steinkreuz war durch ein Eisenkreuz ersetzt worden
(Abb. 15). Bei der Renovierung 1992, die durch die Kulturinitiative Ratschendorf ini-

tiiert und von dieser gemeinsam mit der Gemeinde Ratschendorf und der Pfarre Mureck
durchgeführt wurde und auch in der Presse
ihren Widerhall fand, wurden der ursprüngliche
Zustand wieder hergestellt und ein neuer Boden
verlegt. Bei diesen Renovierungsarbeiten trat
eine zweite Wasserader zutage, die nun auch
gefaßt wurde und für einen besseren Wasserzu-
lauf sorgt.[116]

Abb. 15: Bei verschiedenen Renovierungen wurden das
Steinkreuz und später auch die Quaderung entfernt, die
Aufschrift wurde geändert.

Abb. 16: Die Grotte nach der Wiederherstellung des
ursprünglichen Bauzustandes 1992.

Abb. 17: Die Wallfahrergruppe aus Deutsch-Goritz mit einem birkenen Vortragekreuz.

Die Wallfahrt im 20. Jahrhundert

Die Termine der Wallfahrten in Maria Helfbrunn

Die Möglichkeit, an einer Wallfahrt teilzunehmen bzw. eine Wallfahrt durchzuführen, hängt von verschiedenen Faktoren ab: von der Jahreszeit und damit auch von der Witterung, von der Möglichkeit, sich in der Landwirtschaft oder im Beruf freizunehmen, und natürlich von bestimmten Anlässen. So ergibt sich schon im Jahreslauf eine unterschiedliche Dichte von Wallfahrten, aber auch über längere Zeiträume hinweg gibt es Unterschiede zwischen regelmäßig durchgeführten und einmaligen Wallfahrten, aus einigen Orten kommen keine Wallfahrergruppen mehr, aus anderen Orten kommen neue Gruppen hinzu.[117]

Während Einzelwallfahrten nicht an bestimmte Tage gebunden sind bzw. oft zu nur persönlich relevanten Terminen erfolgen, sind für Gruppenwallfahrten meist traditionell feststehende Termine kennzeichnend. Diese Termine sind zum Teil durch das Kultobjekt vorgegeben, unterliegen im Lauf der Zeit aber auch wesentlichen Änderungen: einerseits verlieren bestimmte Termine an Bedeutung oder werden aufgelassen, andererseits nehmen einzelne Termine in ihrer Bedeutung zu und führen so zu einer „Abwertung" anderer.

Der wichtigste Wallfahrtstermin in Maria Helfbrunn war lange der „Kleine Frauentag", das Fest Mariä Geburt am 8. September. An diesem Tag war nach Aussage von Gewährsleuten sowohl der größte Zulauf an Gläubigen als auch das bedeutendste Markttreiben zu verzeichnen.[118] Solange der Großteil der Gläubigen in der Landwirtschaft tätig war, konnte sich dieser Termin als Haupttermin halten, da die Teilnahme an der Wallfahrt auch an einem Wochentag möglich war, sofern nicht dringende Arbeiten in der Landwirtschaft zu erledigen waren. Mit dem zunehmenden Strukturwandel gab es allerdings immer mehr Probleme: Angestellte und Arbeiter, die überdies sehr oft zur Arbeit pendeln mußten, konnten nicht mehr an der Wallfahrt teilnehmen, ohne einen Urlaubstag beanspruchen zu müssen, und verzichteten daher auf die Teilnahme. So verschob sich der zeitliche Schwerpunkt der Wallfahrt auf den „Großen Frauentag" oder Mariä Himmelfahrt am 15. August. Dieser Termin wurde auch früher als Festtermin begangen, hatte jedoch nach übereinstimmender Aussage der Gewährspersonen eine geringere Bedeutung als der 8. September. Eine genaue zeitliche Abgrenzung dieser Verschiebung konnte jedoch mangels geeigneter Aufzeichnungen nicht vorgenommen werden. Die Aussagen der Gewährspersonen zu diesem Thema sind eher vage. Auch Stadtpfarrer Franz Weiß, der von 1962 bis 1992 die Pfarre Mureck betreute, kann dazu keine genauen Angaben machen.

Der dritte wichtige Termin in Maria Helfbrunn ist der Anna-Tag am 26. Juli, der als Fest der Mutter Marias gefeiert wird. Dieser Termin wurde auch als „eher Bauernwallfahrtstag" bezeichnet. Spezielle Verehrung in der näheren Umgebung von Ratschendorf genießt die hl. Anna in St. Anna am Aigen, das am 26. Juli Ziel verschiedener Wallfahrtsgruppen, so etwa aus Tieschen und Klöch, ist.

In Maria Helfbrunn wird sowohl an den beiden großen Marienfeiertagen als auch am Anna-Tag von der Pfarre Mureck aus zumindest eine Messe gelesen, sodaß für Gruppen- und Einzelwallfahrer der Besuch des Gottesdienstes möglich ist. Zusätzlich gibt es meist Messen, die von auswärtigen Geistlichen gelesen werden. Dies ist deshalb besonders hervorzuheben, da ein Großteil der „Wallfahrten" nach Maria Helfbrunn nur eine Andacht, aber keine Heilige Messe umfaßt.

Ein Termin, der lange als Fest- und Wallfahrtstag in Maria Helfbrunn gegolten hat und als „Kirchweihfest" begangen wurde, ist der 2. Mai, der Tag der Weihe des „neuen Altars", der 1914 in die Kirche kam. Dieser Festtag wird heute nicht mehr begangen, sondern es erfolgte zunächst eine Verlegung der Messe auf den 1. Mai, der als offizieller Feiertag auch unselbständig Erwerbstätigen den Kirchenbesuch ermöglichen sollte. Doch auch dieser Termin wurde nur bis 1977 gefeiert, da an diesem Tag immer weniger Teilnehmer zu verzeichnen waren und die Verbindung mit parteipolitischen Zielsetzungen zugenommen hatte. Schon vor dem 2. Mai ist der 10. August, der Laurentius-Tag, als Festtermin in Maria Helfbrunn abgekommen. Dieser Festtag wurde allerdings nur von einer Gewährsperson genannt.

Die übrigen Termine betreffen Wallfahrten, die meist ohne Gottesdienst ablaufen oder bei denen ein begleitender Geistlicher eine Messe liest. Als zeitliche Schwerpunkte sind dabei der Christi Himmelfahrts-Tag, an dem mehrere Wallfahrergruppen nach Helfbrunn kommen (z. B. Schrötten, Eichfeld, Hofstätten), und der Sonntag nach Mariä Geburt, der für die Pfarre Straden als fester Wallfahrtstermin dient, zu sehen. Die Pfarre Spielfeld hat den Pfingstmontag als traditionellen Wallfahrtstermin, die Gemeinde Rosenberg den „Mutter Anna-Sonntag", den Sonntag vor bzw. nach dem Anna-Tag.

Als fester Termin für eine Heilige Messe, wenn auch nicht für eine Wallfahrt, wurde 1962/63 mit dem Amtsantritt von Franz Weiß als Pfarrer von Mureck der Abend jedes 13. im Monat eingeführt, allerdings nur in der wärmeren Jahreszeit, da die Kapelle im Winter zu kalt ist. Diese Fatima-Gedenkmessen seien *in den*

Marienwallfahrtsorten so üblich geworden (Weiß) und erinnern an die Erscheinungen im portugiesischen Marien-Wallfahrtsort. Auch an den Bittagen gibt es zusätzliche Messen.

Das Einzugsgebiet der Wallfahrt

Schon für das 18. Jahrhundert wird die Herkunft der Pilger aus Ungarn, Kroatien, den Windischen Büheln und auch aus der Obersteiermark genannt (s. o.). Ob es sich dabei vorwiegend um Einzelwallfahrer handelte oder um Wallfahrergruppen, muß unklar bleiben, da genauere Angaben fehlen. Auf alle Fälle ist anzunehmen, daß während des Bestehens der Österreichisch-Ungarischen Monarchie der Zuzug aus der Untersteiermark sehr rege gewesen sein muß. Auch Erzählungen über die „windischen" Wallfahrer weisen auf diese Tatsache hin: So die von Franz Josef Schober übermittelte, daß Bewohner der Pfarre Maria Schnee, die vorwiegend Slowenen waren, nach Helfbrunn kamen, um Regen für die ausgetrockneten Felder zu erbitten. Auf dem Heimweg begann es dann aber zu schneien. Aus Verwunderung darüber sollen sie ausgerufen haben: „Deutsches Mutter nix verstehen, wollen wir Regen und kriegen wir Schnee".[119]
In Maria Helfbrunn gab es bis 1988 keinerlei Aufzeichnungen über den Zuzug von Wallfahrern und keine Möglichkeit für die Wallfahrer, Vermerke über ihre Anwesenheit oder ihre Anliegen zu deponieren. Dies wurde offenbar schon in der ersten Hälfte unseres Jahrhunderts als Mangel empfunden, und so haben sich zahlreiche Wallfahrer auf der unbemalten Rückseite des Altars „verewigt". Leider sind diese Eintragungen, wie erwähnt, nicht sehr aufschlußreich. Daher kann zwar noch festgestellt werden, daß der Zuzug aus der damaligen Untersteiermark recht groß gewesen sein muß, die genaue Herkunft der Wallfahrer ist jedoch nicht mehr rekonstruierbar.[120] Eine Untersuchung der Pfarrarchive der möglichen Herkunftsorte von Wallfahrern war nicht möglich. Nach den Erfahrungen mit dem Murecker Pfarrarchiv sind jedoch keine weitreichenden Ergebnisse zu erwarten.
Daher sind für die Feststellung der Herkunftsorte vorwiegend die Aussagen von Gewährspersonen heranzuziehen und mit ihrer Hilfe ein möglichst vollständiges Verzeichnis aller Herkunftsorte zu erstellen. Der Zeitraum, in dem aus einem bestimmten Ort Wallfahrer oder Wallfahrergruppen nach Maria Helfbrunn gekommen sind, ist dabei nur selten genau zu eruieren, da sich die befragten Personen in den meisten Fällen nicht gut genug erinnern konnten oder die Aussagen sich

widersprachen. Auch wurde oft keine Unterscheidung zwischen dem Besuch in einer kleinen Gruppe und einer „offiziellen" Wallfahrt gemacht.

Hinweise auf den Zuzug nach Maria Helfbrunn gibt auch der Österreichische Volkskundeatlas. Dieses umfassende Werk zur Volkskunde Österreichs wurde zwischen 1959 und 1981 von der „Gesellschaft für den Volkskundeatlas in Österreich" in 6 Lieferungen mit 117 Kartenblättern und über 2.600 Seiten Kommentar herausgegeben.[121] Seine Ergebnisse beruhen zum Großteil auf schriftlichen Befragungen zu unterschiedlichsten Gebieten der Volkskunde (z. B. Haus, Geräte, Nahrung, Bräuche, Aberglaube). Die Fragen waren in mehreren Fragebogen zusammengefaßt, die zur Beantwortung österreichweit ausgesandt wurden, und zwar hauptsächlich an Lehrer. Die Antworten wurden geordnet, aufbereitet und ausgewertet und liegen im Archiv des Salzburger Landesinstituts für Volkskunde für weitere Untersuchungen bereit.

1965/66 wurde im Rahmen des vierten Fragebogens neben zahlreichen anderen Themen der Zuzug zu den Marienwallfahrtsorten erhoben. Dazu wurden folgende Fragen gestellt:

„Zu welchen Marien-Gnadenstätten wird von Ihrem Ort aus gewallfahrtet?

a) Regelmäßig, bzw. in bestimmten Zeitabständen?

b) Nicht in regelmäßigen Zeitabständen, bzw. über größere Entfernungen?"[122]

Für Maria Helfbrunn gingen aus dem Bezirk Radkersburg zu Frage a) aus folgenden Orten positive Meldungen ein: Mettersdorf am Saßbach, Straden, Tieschen, Klöch, Weinburg am Saßbach, Hainsdorf-Brunnsee, Weixelbaum, Halbenrain, Lichendorf, Radkersburg. Die einzige positive Meldung zu Frage b) kam aus Ratschendorf und stellte offenbar die häufige, aber unregelmäßige „Wallfahrt" nach Maria Helfbrunn fest. Aus dem Bezirk Leibnitz gab es nur eine einzige positive Meldung auf Frage a), nämlich aus Wolfsberg im Schwarzautal, aus dem Bezirk Feldbach verzeichnet das Atlas-Material keine positive Meldung. Dieses Ergebnis ist durchaus plausibel, da Nennungen von Wallfahrtsgruppen aus diesen beiden Bezirken zeitlich auf die Zeit bis in die frühen sechziger Jahre beschränkt sind, wenn auch vereinzelt Wiederaufnahmen, wie in Spielfeld, zu verzeichnen sind. Der Großteil der Wallfahrtsgruppen, die seit 1918 Maria Helfbrunn besuchten oder noch besuchen, kommt also aus dem Bezirk Radkersburg, wobei sich ein eindeutiger Schwerpunkt in der näheren Umgebung von Maria Helfbrunn ausmachen läßt. In einer Zone bis zu 3 km Luftlinie liegen die Orte Deutsch-Goritz, Diepersdorf, Eichfeld (früher Unterrakitsch), Fluttendorf, Gosdorf, Misselsdorf, Ratschendorf und Ratzenau. Bis zu 5 km Luftlinie kommen Mureck, Salsach, Schrötten, Weixelbaum und Wittmannsdorf hinzu. In bis zu 10 km Entfernung liegen Dietersdorf, Hainsdorf, Hofstätten, Lichendorf, Rosenberg, St. Peter am Ottersbach, Siebing, Straden und Weinburg am Saßbach, wobei hier schon das Gebiet des Bezirks Radkersburg verlassen wurde. Außerhalb dieser Zone liegen Bad Radkersburg, Gersdorf, Gnas, Grafendorf, Halbenrain, Klöch, Kohlberg, Lipsch, Mettersdorf, Radisch, Spielfeld, St. Nikolai ob Draßling, St. Stefan im Rosental, Techensdorf, Tieschen, Wagendorf und Wolfsberg im Schwarzautal.

1988 wurde in der Kirche von Maria Helfbrunn ein Buch aufgelegt, in dem sich Wallfahrer und Besucher eintragen können. Die Unterscheidung zwischen religiös motivierten und touristischen Besuchern der Kirche ist natürlich nicht immer möglich. Nur durch Zusatzbemerkungen wie *herrliches Wetter* oder *Radltour* können Eintragungen dem touristischen Bereich zugeordnet werden, wobei auch hier ein religiöser Hintergrund keinesfalls auszuschließen ist. Bei den zahlreichen Eintragungen, die nur den Namen, den Herkunftsort und eventuell das Besuchsdatum nennen, muß jedoch auf eine Interpretation, ob es sich nun um touristisch oder religiös motivierte Besuche handelte, verzichtet werden.

Die hier untersuchten Eintragungen stammen aus dem Zeitraum zwischen dem 14. 8. 1988, dem Tag, an dem das Buch aufgelegt wurde, und dem 15. 3. 1992. In dieser Zeit wurden ca. 1380 Eintragungen vorgenommen.[123] Bei 322, also 23 %, wurde ein Herkunftsort oder ein Herkunftsland angegeben, in einigen Fällen war die Herkunftsangabe verschlüsselt: Es wurde nur die Postleitzahl notiert. Die 322 Nennungen mit Ortsangabe umfassen 722 Personen, die einzeln oder in Gruppen, deren Größe angegeben bzw. eruierbar ist, die Kirche besucht haben. Dazu kommen 40 Gruppen, bei denen die Größe unklar bleibt, zum größten Teil handelt es sich dabei um Familien.

Die Herkunft der Besucher, die ihren Wohnort angegeben haben, kann nun wie folgt aufgeschlüsselt werden: 108 der 322 Nennungen betreffen den Bezirk Radkersburg, 26 bzw. 33 Nennungen die benachbarten Bezirke Feldbach und Leibnitz.

Abb. 18: Die Prozessionsspitze der Stradener Wallfahrer.

Hier überwiegen bei weitem jene Orte, die in den Grenzregionen zum Bezirk Radkersburg gelegen sind. Aus der übrigen Steiermark kommen 69 Nennungen, wovon allein 33 die Stadt Graz betreffen, aus Österreich ohne Steiermark 38. 31 Nennungen betreffen das europäische Ausland und achtmal werden außereuropäische Herkunftsorte genannt. Neun Nennungen konnten nicht eindeutig einem der genannten Bereiche zugeordnet werden.

Dieses Ergebnis bestätigt die Stellung der Wallfahrt von Maria Helfbrunn als lokale bis regionale Wallfahrt auch bei den Einzelbesuchen:[124] 167 der 322 Ortsnennungen, das sind 51,9 %, beziehen sich auf den Bezirk Radkersburg und die angrenzenden Bezirke. Wenn man in Rechnung stellt, daß die Neigung, den Herkunftsort anzugeben, bei Personen mit einer weiteren Anreise doch um einiges größer sein dürfte als bei den Bewohnern der umliegenden Gebiete, so ist auch bei den unorganisierten Besuchen, die einzeln oder in kleinen Gruppen erfolgen, ein noch höherer Anteil an Personen aus der näheren Umgebung anzunehmen. Vor allem die Feiertage am 15. August und am 8. September haben für die örtliche Bevölkerung eine besondere Bedeutung, was sich auch in der Besucherzahl ausdrückt. Die Zahl der Eintragungen im „Besucherbuch" entspricht dieser Bedeutung jedoch keineswegs. So gibt es für den Mariä Himmelfahrt-Tag in den Jahren 1988 bis 1991 61, 49, 100 und 40 Eintragungen, für den Mariä Geburt-Tag im gleichen Zeitraum 25, 18, 30 und 54 Eintragungen. Bis auf die 100 Eintragungen am 15. August 1990 sind das im Vergleich zu den Teilnehmerzahlen (s. u.) ziemlich gleichmäßig niedrige Werte, die zeigen, daß das „Besucherbuch" für die Bevölkerung der Umgebung keine große Bedeutung hat. Der Besuch von Maria Helfbrunn ist offenbar zu selbstverständlich, als daß man sich hier extra „verewigen" müßte, viele mögen auch der Neuerung als solcher skeptisch gegenüberstehen oder den rein privaten Kontakt zu Gott bzw. Maria vorziehen.

„Große" und „kleine" Wallfahrten

In Maria Helfbrunn sind verschiedene Organisationsformen von Gruppenwallfahrten zu unterscheiden:
– die von einem Geistlichen begleitete Wallfahrt,
– die Gruppenwallfahrt mit Gottesdienst in Maria Helfbrunn,
– die Gruppenwallfahrt ohne Beteiligung eines Geistlichen.

56

Die zur Zeit einzige Wallfahrergruppe, die regelmäßig zu einem bestimmten Termin kommt und von einem Geistlichen begleitet wird, ist die Gruppe der Pfarre Straden, die am Sonntag nach dem 8. September jeden Jahres nach Maria Helfbrunn wallfahrtet. Daneben gibt es Gruppen, die zwar in Begleitung eines Geistlichen, aber in unregelmäßigen Abständen kommen – wie z. B. aus der Pfarre Grafendorf bei Hartberg – oder deren Besuch in Maria Helfbrunn ein Einzelfall bleibt. So ein einmaliger Besuch war etwa die Fahrt der Pfarre St. Georgen a. d. Stiefing am 4. September 1993, an der mehr als 100 Leute teilnahmen. Wenn diese Gruppen angemeldet sind, werden sie meist von der Mesnerin empfangen, die zum Einzug die Glocken läutet und dem begleitenden Geistlichen behilflich ist.

Die Gruppen, die am 26. Juli, 15. August oder 8. September nach Maria Helfbrunn kommen, nehmen in der Regel an einem der Gottesdienste teil, die vom Pfarrer von Mureck oder auswärtigen Geistlichen gelesen werden. Hier liegt zwar nicht die Wallfahrt als ganze unter offizieller kirchlicher Leitung, die Verbindung zur offiziellen Kirche ist aber durch die Teilnahme am Gottesdienst gegeben.

Ein Großteil der „Wallfahrergruppen" kommt jedoch außerhalb dieser offiziellen Festtage nach Maria Helfbrunn. Diese Gruppen werden von einem Vorbeter oder einer Vorbeterin angeführt, der oder die nicht nur das Gebet bei der Prozession leitet, sondern auch in der Kirche und gegebenenfalls bei der Grotte die Gestaltung der Andacht besorgt. Auch das Vorantragen eines Kreuzes ist nur bei wenigen Gruppen üblich (Abb. 17).

Der Weg als Ziel?

Bei den mittelalterlichen Fernwallfahrten – egal ob nach Rom, Jerusalem oder Santiago de Compostela – waren enorme Wegstrecken zu Fuß zu überwinden. Neben der körperlichen Anstrengung waren die Gefahren, die den Wallfahrer auf seinem Weg begleiteten, ein erschwerendes Moment jeder Wallfahrt. Vom zeitlichen Ausmaß her übertraf die Dauer des „Wallens" die Dauer des Aufenthaltes am Gnadenort in der Regel um ein Vielfaches, woraus sich die Ansicht entwickelte, daß der Weg, der entbehrungsreiche Hinmarsch zu Gott oder zu einem Gnadenort, den eigentlichen Sinn der Wallfahrt ausmache. Auch wenn in der Neuzeit die Bedeutung der Fernwallfahrten stark abnahm, so blieb doch die Auffassung, daß die Mühsal des Weges, die der Fußwallfahrer auf sich nimmt, einen wesentlichen Bestandteil der Kontemplation und der Buße darstelle, die mit einer Wallfahrt verbunden sind.[125]

Die Benützung von motorisierten Verkehrsmitteln wurde daher zunächst oft als Ende der Wallfahrt betrachtet, da mit ihr zumindest die Mühsal, oft aber auch das gemeinsame Erlebnis des Weges (bei Benützung eines eigenen Autos) wegfiel. Mit der zunehmenden Selbstverständlichkeit, mit der die modernen Verkehrsmittel benützt wurden, fiel auch die anfängliche Scheu, bei einer Buswallfahrt von einer „richtigen" Wallfahrt zu sprechen, und so ist inzwischen die Absolvierung einer Wallfahrt mit Bus oder Auto auch bei Strecken selbstverständlich, die oft innerhalb weniger Stunden zu Fuß zurückzulegen wären.

In jüngster Zeit hat sich allerdings eine gewisse Gegenbewegung bemerkbar gemacht, die Fußwallfahrt gewinnt wieder an Bedeutung. Das gilt sowohl für die zahlenmäßige Zunahme von Fußwallfahrern an der Gesamtzahl der Wallfahrer bei verschiedenen Wallfahrtsorten als auch für die steigende Zahl von Teilnehmern bei typischen Fußwallfahrten. Als Beispiel hierfür sei der Kärntner Vierbergelauf genannt. Diese Wallfahrt, die jährlich am Dreinagelfreitag, dem zweiten Freitag nach Ostern, rund um das Kärntner Zollfeld stattfindet, berührt auf einer Strecke von ca. 50 km vier Berggipfel, nämlich den Magdalensberg, den Ulrichsberg, den Veitsberg und den Lorenziberg. In den sechziger Jahren nahmen jeweils rund 120 Personen an der Wallfahrt teil. Seit dem Anfang der siebziger Jahre war eine starke Zunahme zu verzeichnen, sodaß die Zahl der Teilnehmer inzwischen auf ca. 3000 gestiegen ist. Allerdings ist hier der Einfluß der Fitmärsche sehr stark spürbar: die zahlenmäßige Zunahme ist fast ausschließlich auf sportlich ambitionierte Vierberger zurückzuführen, für die die religiöse Komponente keine oder nur eine untergeordnete Rolle spielt.[126]

Da Maria Helfbrunn hauptsächlich als „Nahwallfahrt" von Bedeutung ist, ist die Mühsal des Weges relativ gering. Gerade deshalb gibt es zur Zeit sehr wenige reine Fußwallfahrten, auch aus nahegelegenen Orten kommen immer mehr Wallfahrer mit dem Auto. Viele Wallfahrergruppen ziehen jedoch prozessionsmäßig in die Kirche ein. Die Ordnung innerhalb der Gruppen ist im wesentlichen bei allen Gruppen gleich, und auch im zeitlichen Ablauf konnten in dieser Hinsicht keine Veränderungen festgestellt werden. An der Spitze des Zuges gehen die Buben, etwa vom schulpflichtigen Alter weg, gefolgt von den Männern. Danach kommt der Vorbeter oder die Vorbeterin, dahinter die Mädchen. Den Abschluß bilden die Frauen, bei denen auch die kleinen Kinder mitgehen. Diese Ordnung wird oft gar nicht mehr als solche empfunden. So meinte ein Vorbeter auf die Frage nach einer bestimmten Prozessionsordnung: *Da gibt's eigentlich keine Ordnung, die Männer gehen voraus, die Frauen hintennach.* Erst in jüngster Zeit tritt fallweise eine Auflösung dieser Ordnung ein: Bei der Salsacher Wallfahrergruppe wurde auf Wunsch der Teilnehmer die alte Ordnung aufgelöst: Männer, Frauen und Kinder gingen bei der Wallfahrt 1988 bunt gemischt, um Familien die gemeinsame Teilnahme an der Prozession zu ermöglichen.

Die einzige Fußwallfahrt, die regelmäßig aus einer Entfernung von mehr als 10 km durchgeführt wird, ist die der Pfarre Straden am Sonntag nach dem 8. September (Abb. 1, 18, 19, 21). Nach dem Abmarsch in Straden um 7 Uhr, bei dem z. B. 1989 46 Wallfahrer anwesend waren, warteten entlang des Weges weitere Wallfahrer, die sich in die Prozession eingliederten. In Spitz, wo der Zug um 8 Uhr 40 eintraf, wurden 100 Personen erreicht, bis Ratschendorf waren es über 120. Während der Prozession wurde Rosenkranz gebetet, dazwischen wurden Marienlieder gesungen, aber es gab auch Strecken, an denen Gelegenheit bestand, sich mit dem Nachbarn zu unterhalten. Das Eintreffen in Maria Helfbrunn erfolgte kurz vor 10 Uhr, um 10 Uhr fand dann die Heilige Messe statt.

Abb. 19: Die Stradener Wallfahrer am 11. September 1988; im Hintergrund der Kirchberg von Straden.

In jüngster Zeit gibt es fallweise Versuche, neue Fußwallfahrten zu initiieren. Ein solcher Versuch ist die 1986 organisierte „Sternwallfahrt", an der Jugendliche aus Diepersdorf, Fluttendorf, Klöch, Salsach, Tieschen und Weichselbaum teilgenommen haben. Die einzelnen Gruppen sollten von ihrem Wohnort weggehen und sich in Radochen treffen, um gemeinsam den restlichen Weg bis Maria Helfbrunn zurückzulegen. Wegen der schlechten Witterung konnte der Plan allerdings nicht in dieser Form ausgeführt werden, sondern es wurde ein Teil der Strecke mit dem Auto bewältigt.

Besonders an den großen Wallfahrtstagen gab es in der Zwischenkriegszeit einen sehr starken Zuzug von Personen, die mit dem Pferdewagen nach Maria Helfbrunn kamen. Gerade für die Gegend von Klöch, Tieschen, aber auch für die ehemalige Untersteiermark wird von den Befragten die große Zahl von Pferdegespannen hervorgehoben. Für andere, nicht weniger weit entfernt liegende Orte, wie St. Nikolai ob Draßling, wird jedoch das Fahren mit Pferdewagen auch von alten Leuten verneint. Eine gewisse Vorbildwirkung dürfte auch um diese Zeit noch die Gräfin

59

Lucchesi-Palli gehabt haben, die am 2. Mai zum Kirchweihfest mit ihrem Wagen vorfuhr. So hat die Mutter einer Gewährsfrau aus St. Peter a. O., die nach Angaben ihrer Tochter besonders gläubig war und viel für die Kirche gespendet hat, einmal einen Pferdewagen gemietet, um damit zur Wallfahrt nach Maria Helfbrunn zu fahren. Religiöse Anliegen und Repräsentationsbedürfnisse liegen also oft sehr nahe beieinander.

Wenn auch davon auszugehen ist, daß selbst die Wallfahrten aus weiter entfernten Orten (wie z. B. Kohlberg, Wolfsberg, St. Nikolai ob Draßling oder Gersdorf) ursprünglich Fußwallfahrten waren, so wurde hier schon relativ früh der Umstieg auf öffentliche Verkehrsmittel und Fahrräder vollzogen. So wurde die Wallfahrergruppe aus Spielfeld bereits in den dreißiger Jahren nach der Frühmesse von Pfarrer und Ministranten zum Bahnhof begleitet und fuhr mit dem Zug bis Gosdorf, wo sie beim Marterl mit jenen Wallfahrern zusammentraf, die den Weg mit dem Fahrrad zurückgelegt hatten. Die Strecke von Gosdorf bis Maria Helfbrunn (ca. 2 km) wurde dann betend zurückgelegt, und nach Messe und Wirtshausbesuch wurde wieder bis Gosdorf zurückgebetet, worauf mit dem nächsten Zug die Rückfahrt angetreten wurde. Zu Mittag kam die Gruppe zurück nach Spielfeld, wo sie von Pfarrer und Ministranten am Bahnhof empfangen wurde.

Größere Bedeutung als die Bahn hat jedoch das Fahrrad, das teilweise sogar in der Prozession mitgeführt wird, wie z. B. bei der Wallfahrt der Ortschaften Ratzenau oder Schrötten. Grund für die Mitnahme des Fahrrades ist teilweise der Wunsch, möglichst schnell wieder zuhause zu sein, teilweise sind es Kinder, die die Strecke noch nicht zu Fuß gehen können und daher auf dem Rad mitgenommen werden. Diese Wallfahrer müssen aber *ganz hinten nachmarschieren*, um die Prozession nicht zu stören. Auch bei der Stradner Fußwallfahrt schließen sich Teilnehmer mit Fahrrad an, die aus Orten abseits des Wallfahrtsweges, wie z. B. Radochen, kommen und durch die Mitnahme des Fahrrades den Fußmarsch verkürzen wollen (Abb. 21).

Besonders in der Zwischenkriegszeit, ca. ab 1930/35, war das Fahrrad wohl die wichtigste Möglichkeit, nach Maria Helfbrunn zu kommen, wenn (besonders an den großen Festtagen) eine Messe besucht wurde, ohne sich einer Prozession zur Kirche anzuschließen. Die Angabe, daß nach dem Ersten Weltkrieg neben zahlreichen Pferden auch *Tausende* von Fahrrädern am Hauptwallfahrtstermin in Maria Helfbrunn zu sehen waren, ist wohl nicht wörtlich zu nehmen, gibt aber doch einen Hinweis auf die große Bedeutung dieses Wallfahrtstermins und auf die Einschätzung der Gewährsperson. In der NS-Zeit diente das Fahrrad dem Kaplan von Straden, Josef Loibner, sogar als Hilfsmittel, eine „getarnte" Wallfahrt nach Maria Helfbrunn durchzuführen. Da Wallfahrten verboten waren, wurde mit der Jugend ein Radausflug veranstaltet, der „zufällig" nach Maria Helfbrunn führte.

1988 wurde in Bad Radkersburg über das Katholische Bildungswerk erstmals eine Radwallfahrt nach Maria Helfbrunn organisiert, die seither regelmäßig stattfindet. An der Wallfahrt nehmen ca. 20–40 Personen, vorwiegend Jugendliche, teil. Termin ist der 8. September, also einer der Hauptfesttermine. 1988 wurde die Wallfahrt zwar nicht von einem Geistlichen begleitet, aber die 10 Uhr-Messe in Maria Helfbrunn wurde vom Radkersburger Pfarrer gehalten, sodaß hier schon fast von einer offiziellen kirchlichen Begleitung gesprochen werden kann. In den darauffolgenden Jahren begleitete der Pfarrer, nun auch Dechant, teilweise die Radfahrer.

Während der Wechsel von der Fuß- zur Radwallfahrt noch eine gemeinsame Bewältigung des Weges ermöglicht, wenn auch das Beten in der Regel wegfällt, so verschwindet mit dem Einsatz des Autos das „processionaliter ire", die Fortbewegung in der Gruppe, völlig. Es kommt somit eine ganz andere Qualität in die Wallfahrt: Die gemeinsame Bewältigung des Weges weicht einer individuellen Anreise zum Gnadenort, der Treffpunkt wird von der Heimatgemeinde zum Gnadenort verlegt. Um einen letzten Rest des früheren Wallfahrtsablaufes zu erhalten, beten die Gruppen, die sich erst in Maria Helfbrunn treffen, gemeinsam in die Kirche ein, wobei sie die letzten 100 bis 200 Meter prozessionsmäßig zurücklegen. Der feierliche Abschluß des Wallfahrtsweges, der Einzug in die Kirche, soll also

erhalten bleiben, auch wenn die Bewältigung des Weges durch das Auto wesentlich erleichtert und verkürzt wird.

Eine geringe Bedeutung hat in Maria Helfbrunn das für andere Gruppenwallfahrten schon fast als traditionell zu bezeichnende Verkehrsmittel: der Autobus. Für die Gruppen, die regelmäßig nach Maria Helfbrunn kommen, lohnt sich die Mietung eines Busses nicht, da die Entfernung zu kurz, die Zahl der Teilnehmer in vielen Fällen zu klein ist. In unregelmäßigen Abständen kommen jedoch Wallfahrten bzw. Pfarrausflüge aus anderen Gemeinden mit dem Bus nach Helfbrunn. Teilweise wird daraus eine regelmäßige Wallfahrt, wie bei der Pfarre Grafendorf bei Hartberg, die seit einigen Jahren regelmäßig mit einem Bus nach Maria Helfbrunn kommt. Allerdings gibt es auch hier Schwerpunktsetzungen innerhalb der Pfarre: Während Senioren an allen Fahrten beteiligt sind, gab es schon Fahrten mit der Legio Mariä oder auch mit den Bewohnern von Lafnitz, einem Nachbarort von Grafendorf.

Abb. 22: Heilige Messe, mit Geistlichen aus Mureck und Straden.

Der Besuch der Kirche

Bei der Art des Kirchenbesuchs sind zwei grundsätzliche Möglichkeiten zu unterscheiden: die Teilnahme am Gottesdienst und die Teilnahme an einer Andacht ohne Geistlichen. Gottesdienste gibt es, wie erwähnt, an den großen Festtagen von Maria Helfbrunn: zu Mariä Himmelfahrt, Mariä Geburt und zum Fest der hl. Anna (Abb. 22). Die Gruppen, die an diesen Tagen nach Maria Helfbrunn kommen, ziehen meist zur Messe in die Kirche ein. Ein Großteil der Teilnehmer findet nur vor der Kirche Platz, wobei die Messe mit Lautsprechern ins Freie übertragen wird (Abb. 23 und 27).

Die Andacht ohne Pfarrer wird vom Vorbeter oder der Vorbeterin, oft nach den Wünschen der Beteiligten, gestaltet (Abb. 28). Wesentlicher Bestandteil der Andachten ist das Beten des Rosenkranzes, wobei vom Anlaß her bestimmt wird, welcher Teil oder welche Teile des Rosenkranzes (freudenreicher, schmerzhafter, glorreicher) gebetet werden. Das Beten der Litanei ist hingegen bei den meisten

Gruppen nicht mehr üblich, hier hat – besonders seit dem Vatikanischen Konzil – eine starke Veränderung stattgefunden.[127] Zwischen den Gebeten werden hauptsächlich Marienlieder gesungen, wobei die Auswahl so getroffen wird, daß möglichst viele Wallfahrer mitsingen können. Einen großen Stellenwert bei der Andacht haben auch die Fürbitten, die nicht nur traditionelle Anlie-

Abb. 23: Seit einigen Jahren (wie hier 1988) ist der größte Zulauf am 15. August zu verzeichnen.

gen, wie z. B. den Segen für die Feldfrüchte, sondern auch neuere, wie die Bitte für den Weltfrieden, für die Umwelt oder ähnliches, umfassen.

Opfer in der Kirche:
Neben dem Geldopfer, das in den Opferstock eingeworfen oder während einer Messe durch Mesner und freiwillige Helfer eingesammelt wird, gibt es Formen des Opferganges, die vor allem bei den Andachten ohne Pfarrer zu finden sind, aber auch beim Einzug einer Gruppe zur Messe. Bei ihnen wird zu einem bestimmten Zeitpunkt der Andacht der Altar ein- bzw. dreimal umrundet und dabei das Opfergeld in ein bereitgestelltes Gefäß gelegt. Diese Form des Umkreisens, der Circumambulatio, ist ein wesentlicher Bestandteil verschiedener religiöser Handlungen in unterschiedlichen Kulturen.[128]
Der Zeitpunkt kann entweder am Anfang der Andacht, beim Einzug in die Kirche sein, wie es z. B. bei der Gruppe aus Spielfeld der Fall ist, oder auch gegen Ende der Andacht. Die Wallfahrer aus Schrötten machen z. B. *ungefähr beim letztvorgesehenen Rosenkranz* einen Opfergang und verlassen dann *ungefähr beim dritten Gsetzl vom letztvorgesehenen Rosenkranz*[129] die Kirche, um zur Grotte zu beten. Während es bei den Gruppen, die traditionelle Wallfahrten nach Maria Helfbrunn durchführen, zumindest großteils noch üblich ist, den Altar zu umrunden und dabei ein Geldopfer zu geben, wird das Opfergeld bei der Gruppe aus Grafendorf, die erst seit einigen Jahren kommt, mit einem Körbchen eingesammelt. Der traditionelle Umgang um den Altar entfällt. Auch die Radkersburger Radwallfahrer führen keinen speziellen Opfergang durch.

Neben Geld werden natürlich auch Kerzen geopfert, die teilweise mitgebracht, teilweise direkt in der Kirche erworben werden. An den großen Wallfahrtstagen gibt es vor der Kirche einen eigenen Stand, an dem Kerzen gekauft werden können.

Der Besuch der Grotte

Bei fast allen Wallfahrten, egal ob mit oder ohne Begleitung eines Geistlichen, ist der Besuch der Grotte ein wesentlicher Bestandteil des Wallfahrtsablaufes (Abb. 24). Unterschiedlich sind hingegen die Gewohnheiten, ob die Grotte von der Gruppe als ganzer besucht wird oder ob sich die Wallfahrt bei der Kirche auflöst und die Gläubigen einzeln bzw. in kleinen Gruppen zur Grotte hinuntergehen. Während manche Gruppen, wie die aus Ratzenau oder Tieschen geschlossen bei der Grotte singen und beten, gehen etwa bei den Stradenern nur einzelne zur Grotte, teilweise sei sie gar nicht bekannt. Die abnehmende Beziehung zur Grotte zeigt sich auch sehr gut bei den speziell für Jugendliche organisierten Wallfahrten, die die Grotte nicht einbeziehen, ja, wo ihre Existenz teilweise völlig unbekannt ist. So hört man auch von führenden Mitwirkenden: *... also mir ist das gar nicht bekannt, wenn ich ehrlich bin.* Bei den Seniorenwallfahrten aus Grafendorf spielt die Grotte aufgrund der Förderung durch den Pfarrer jedoch eine wichtige Rolle, wenn die Teilnehmer auch nur einzeln und nicht als geschlossene Gruppe zum Brunnen pilgern.

Abb. 24: Gebet in der Grotte.

Der Grottenbesuch der Wallfahrergruppe aus Ratzenau läuft folgendermaßen ab: Nach der Andacht in der Kapelle geht die Gruppe geschlossen *zu der Grotte hinunter eben, dort auch noch singen und beten ein bißchen, noch einmal opfern, damit er* [= der Pfarrer] *die Grotte auch noch herrichten kann.* Das „bißchen" wird von einer anderen Teilnehmerin genauer umschrieben als *ein Lied gesungen. Ratzenauer gemeinschaftlich zur Grotte, beten noch ein „Vater unser" oder so etwas, Lieder, die alle auswendig können; singen alle mit, ist rich-*

tiger Abschluß, ganz schön des noch, so beschreibt die Vorbeterin der Ratzenauer den offiziellen Schluß der Wallfahrt. Von einem Teilnehmer wurde der Gang zur Grotte auch als *Brunn' machen* bezeichnet, was eine eher distanzierte Einstellung dazu vermuten läßt.

Die Bedeutung des Wassers:
Die Quelle am Fuß des Hügels war zweifellos die Keimzelle von Maria Helfbrunn, wie ja auch der Name der Wallfahrt bezeugt (Abb. 25). Die Art der Ver- und Anwendung des Wassers hat sich jedoch im Lauf der Zeit geändert: Wird in den Quellen des 18. Jahrhunderts stets vom Baden und fallweise vom Trinken an der Quelle gesprochen (s. o.), so sind jetzt drei wesentliche Anwendungsformen festzustellen:

- das Benetzen,
- das Trinken,
- die Mitnahme.

Natürlich kann auch für die Frühzeit der Wallfahrt nicht ausgeschlossen werden, daß Wasser mitgenommen wurde, erwähnt wird dies jedoch nicht.

Das Baden war also die ursprüngliche Form, die Heilkraft des Wassers zu nützen, verbunden mit religiöser Besinnung, manchmal aber wohl auch mit ausgelassenem Treiben. Wenn dazu auch keine Unterlagen vorliegen, so ist doch eine Reduktion der Intensität des Badens klar festzustellen: Zunächst waren es wohl der ganze Körper oder zumindest Körperteile, die gebadet wurden. Der Erzählung nach bestand dabei noch Ende des letzten Jahrhunderts eine starke Verquickung zwischen Baden und Trinken: *Und dann war auch die Quelle da gleich vis-à-vis und da sind die Leut' halt kommen und ham gebetet und ham gebadet und ham sich da gwaschen, da unten und i sag es, die Großmutter hat ma das erzählt, i hab von niemand früher ghört und seither net, daß da blaue Stufen san obergangen; und da sins obergangen und da ham sie si gwaschen und hams badet, natürlich hat des der Pfarrer Lopič für unhygienisch ghalten und hat den Brunnen gmacht.*

Das Baden in der Vertiefung vor der Grotte hat sich jedoch noch bis in die Zwischenkriegszeit erhalten, wie eine Gewährsperson, Tochter des Pockwirts, erzählt:

Abb. 25: Die Lourdes-Grotte an der Stelle der ersten Kapelle.

Ja, ja, das hab i no erlebt, daß die Leut die Füaß längere Zeit ham einighalten da ins Wasser und pritschlt ham und herum …

Eine Gewährsperson erzählte, wie sie als Kind in den zwanziger Jahren den Gebrauch des Brunnenwassers miterlebt hat: *Und Schwester hat soviel Warzen ghabt bei d' Füß, aber die san alle wegpudelt. Ob's jetzt grad wegen den war oder, aber jedenfalls hat sie's halt verlorn dann. I kann mi net erinnern, ob i meine a gwaschen hab, Schwester hat ihre halt gwaschen a und trunken hamma alle bei dem Brunnen.*

Eine andere Gewährsperson berichtet aus ihrer Jugendzeit: *Ja und sehr viel ham si auch bei der Grotte dort, ham si sehr viel, wenn sie a Leiden ham ghabt zum Beispiel, ein Augenleiden, ham sie sich die Augen ausgwaschen mit dem Wasser, dann die Füße ham's gwaschen dort, den ganzen Körper, und wer glaubt hat dran, ich glaub, dann hat's gholfen.*

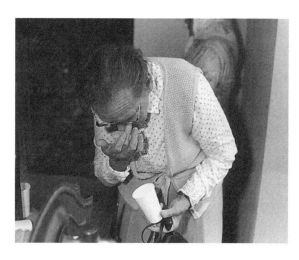

Abb. 26: Das Benetzen oder Auswaschen der Augen in der Grotte ist für viele Teilnehmer/innen ein wesentlicher Bestandteil der Wallfahrt.

Bis in die vierziger oder fünfziger Jahre unseres Jahrhunderts diente die Vertiefung vor der Grotte zum Baden der Füße und Beine. Die Aussagen der Gewährsleute bezüglich des zeitlichen Endes widersprechen einander hier teilweise, doch dürfte nach dem Zweiten Weltkrieg, wenn auch in geringerem Ausmaß, das Waschen der Füße noch üblich gewesen sein. Danach hat diese Form des Wassergebrauchs ein Ende gefunden. Als Rest blieb nur das Benetzen oder Besprengen mit dem Quellwasser. Dieses konzentriert sich im wesentlichen auf Augen, Schläfen und Stirn, wobei hiermit der eine Schwerpunkt der Hilfesuche, der Kopfbereich abgedeckt ist. Beine bzw. Gliedmaßen werden, zumindest öffentlich, heute nicht mehr benetzt, wenigstens konnte kein derartiger Fall beobachtet werden und auch in den Interviews wurde die Frage danach stets verneint.

Während Erwachsene sich selbst und teilweise auch die Kinder an den erwähnten Stellen mit Wasser benetzen, werden Kinder oft nur mit einigen Tropfen besprengt, um den Schutz des Wassers auf sie zu übertragen. Eine Reduktion der äußeren Form ist hier sehr gut sichtbar. Wie sehr sie Indikator für einen geringeren Glauben an die Heilkraft des Wassers ist, muß unklar bleiben (Abb. 26).

66

Eine exakte Quantifizierung, wieviele Wallfahrer sich mit dem Wasser benetzen, ist nicht möglich, einige Zahlen können aber doch Hinweise auf die Intensität dieser rituellen Handlung geben: So haben am 15. August 1992 in der Stunde nach der Wallfahrtsmesse, bei der ca. 350 Personen anwesend waren, 20–30 Leute Augen oder Gesicht benetzt. Dem Alter nach überwogen ältere Personen eindeutig, jedoch war auch bei der Jugend und vereinzelt bei jüngeren Erwachsenen das Benetzen mit dem Wasser festzustellen.

In den Interviews kommt bezüglich der Verwendung des Wassers teilweise eine gewisse Ambivalenz zum Ausdruck: der Gebrauch wird zwar bestätigt, doch wird zugleich durch die Formulierung zum Ausdruck gebracht, daß man dem ganzen eher skeptisch gegenüber stehe. Diese Tendenz ist verstärkt bei Männern zu bemerken. Zum Beispiel: *… die Kinder hamma a bißl angspritzt; hat a gsagt für die Augn, so a bißl mitn Wasser umagwischt.*

Neben der äußerlichen Anwendung des Heilwassers wird auch die innere Anwendung, das Trinken, praktiziert, wobei teilweise nur allgemein die „Gesundheit" als Heilungsziel angegeben wird (*weil beim Hals is wichtigste beim Menschen, is es Leben am engsten*), fallweise aber auch sehr konkrete Heilungswünsche damit verbunden sind:

Ja meistens trinkt ma's ja, wenn ma Innereien was krank is, für mein Mann mit Magen und Zwölffingerdarm, da trinkt er's halt, a paar Schluck; und das Augenlicht is für ihn als Schweißer sehr von Vorteil, also schaut er, daß er's Augenlicht erhalt und der Verstand beim Hirnkastl. Und daham … da is es Weihwasser, für sonst nix, höchstens es is a Viech krank, dann kriegt's a paar Tropfen eini, soll auch wieder Heilung bewirken.

Diese Aussage ist ein Beispiel für sehr konkrete und detaillierte Bedürfnisse und Wünsche, die vom Wasser in der Grotte erwartet werden.

Teilweise wird jedoch bei jenen Wallfahrern, die das Wasser trinken, das Auswaschen der Augen und besonders das Waschen der Füße als unhygienisch und inzwischen abgekommen bezeichnet, obwohl es noch üblich ist:

Wallfahrerin: *Trinken tu ma's … In der Grotte, da kann ma's außa, vom Brunnen außa, und da tu ma trinken, früher hat ma si die Augen ausgwaschen und …*
Wallfahrer: *Füß gwaschen …*
Wallfahrerin: *ja, aber das wirkt sehr unhygienisch, i find das net gut, manche sind so, daß sie den Rest wieder eini lassen ham, dann wird ein anderer nicht mehr so gern trinken und des hat ma dann eigentlich a bißl aufghört.*

Neben dem Benetzen von Körperteilen und dem Trinken des Wassers ist auch die Mitnahme von Wasser in Flaschen üblich, wenn auch deutlich seltener als die beiden oben genannten Verwendungsarten.

Die häusliche Verwendung des Wassers entspricht dabei zum Teil der Verwendung bei der Grotte selbst, zum Teil werden aber auch zusätzliche Funktionen angegeben. So wird das Wasser mitunter bei Krankheit sowohl von Menschen als auch, vereinzelt, von Tieren verabreicht: Entweder es wird eingenommen bzw. eingegeben oder die Kranken werden damit besprengt. Das Sprengen des Wassers ist teilweise aber auch bei Gewittern üblich, zusätzlich wurde einmal auch die Verwendung als Stephanswasser[130] genannt.

Relativ häufig wird die Nutzung als Weihwasser erwähnt. Pfarrer Engelmann aus Grafendorf bestätigte für „seine" Wallfahrer die Verwendung des Helfbrunner Wassers als Weihwasser, obwohl es eigentlich keines sei, *aber sie ham da ein großes Vertrauen.*

Die Mitnahme des Wassers erfolgt jetzt in der Regel in mitgebrachten Flaschen; früher hat es nach Aussage einer Befragten fallweise leere Flaschen zu kaufen gegeben. Die inzwischen besonders bei der mittleren und jüngeren Generation doch deutlich geringere Neigung, Wasser auch mitzunehmen, wird unterschiedlich erklärt, wobei teilweise wohl rationale Gründe als Erklärung vorgeschoben werden, um eine geringere religiöse Bedeutung nicht zugeben zu müssen. So etwa, wenn gesagt wird: *wir ham's früher auch mitgnommen, nur is es halt so, wenn ma net a großes Handtaschl hat, wo tust es hin, und meistens is es so, wenn der Mann mit ist, der hat's Brieftaschl mit zum Zahln, und dann hat die Frau nicht einmal das Handtaschl mit, das Taschntüchl steckt sie sich ein, und dann hat die Frau a ka Geld mehr.*

Teilweise ist auch eine unterschiedliche Wertigkeit von Wasser aus verschiedenen Wallfahrtsorten vorhanden, die sehr neutral zugegeben oder auch eher humoristisch angedeutet wird. So erzählt eine Gewährsperson: *aus Fieberbründl haben Leute mehr Wasser mitgenommen als aus Maria Helfbrunn.* Oder die Bedeutung des Helfbrunner Wassers wird recht gering angesetzt: *heutzutag is so, ma kommt nach Lourdes und ... Maria Zell, und da hamma eigentlich ziemlich viel Wasser daheim ...*

Opfer in der Grotte:
Wenn auch der offizielle Opfergang der Wallfahrtsgruppen in der Kirche erfolgt (s. o.), so wird doch von vielen Wallfahrern in der Grotte nochmals geopfert, wozu

der dort aufgestellte Opferstock dient. Auch Kerzen werden in der Grotte aufgestellt, wobei hier bei den großen Festtagen meist mehr Kerzen zu finden sind als in der Kirche. So wurden z. B. am 15. 8. 1988 in der Kirche ca. 140 Kerzen, in der Grotte jedoch knapp 200, am 8. 9. 1988 in der Kirche ca. 90, in der Grotte ca. 130, am 15. 8. 1992 in der Kirche über 100, in der Grotte jedoch über 150 Kerzen gezählt. Die besondere Verbindung zur Grotte wird hierdurch gut sichtbar. Obwohl das eigentliche Gnadenbild in der Kirche zu finden ist, wird die Grotte mit der Lourdes-Madonna offenbar teilweise in ihrem Gnadenerweis noch höher eingeschätzt.

Die Teilnehmer an den Wallfahrten

Die südliche Oststeiermark gehört zu den stark agrarisch strukturierten Gebieten der Steiermark, wenn es auch in diesem Gebiet natürlich starke Strukturänderungen gibt. Die traditionellen Wallfahrten sind daher auch von den Teilnehmern her dem landwirtschaftlichen Sektor zuzuordnen, was nicht zuletzt auch in der starken Einbeziehung der Bitte um gutes Wetter und gute Ernte zum Ausdruck kommt.

Bei den jüngeren Teilnehmern verschiebt sich dieses Bild hingegen immer stärker. Sind bei Nebenerwerbsbauern doch noch starke landwirtschaftliche Elemente vorhanden, so verliert dieser Aspekt bei Personen, die ausschließlich außerhalb der Landwirtschaft tätig sind, zunehmend an Bedeutung. Diese Umstrukturierung muß aber keineswegs zu einer Abnahme der Wallfahrtstätigkeit führen, wie die Entwicklung der letzten Jahre zeigt: Durch

Abb. 27: Feldmesse mit den Wallfahrern aus Deutsch-Goritz, 1988.

die genannten neuen Initiativen und Organisationsformen (Radwallfahrt, Sternwallfahrt) werden neue Interessenten angesprochen, die oft aus anderen Orten und anderen Sozialschichten kommen als die „traditionellen" Wallfahrer.

Altersmäßig ist bei den traditionellen Terminen, besonders bei den „kleinen" Wallfahrten, ein starkes Überwiegen der älteren Generation festzustellen, die ganz offensichtlich noch eine stärkere Beziehung zu dieser Art der Wallfahrt hat. Kinder im Pflichtschul-, besonders aber bis zum Ende des Volksschulalters, werden oft zur Wallfahrt mitgenommen, ältere Jugendliche sind bei diesen Wallfahrten jedoch nur in geringem Ausmaß vertreten; sie sind eher bei den neueren Formen zu finden. Die mittlere Generation ist ebenfalls unterrepräsentiert, was, besonders bei Wallfahrten, die nicht an einem Feiertag stattfinden, durch die zunehmende Berufstätigkeit außerhalb der Landwirtschaft zu erklären ist. Dementsprechend ist der Überhang der Frauen, der in jeder Altersstufe merkbar ist, bei der mittleren Generation am stärksten ausgeprägt, und zwar besonders zu den Terminen, die meist auf einen Werktag fallen, von den großen Festtagen sind dies der 26. Juli und der 8. September.

Von der Teilnehmerzahl her überwiegen also eindeutig die Frauen, die oft mehr als 80 % der Teilnehmer ausmachen. Bei den Vorbetern hingegen ist das Verhältnis umgekehrt, die meisten Vorbeter sind Männer. Die Anteilnahme am Gebet ist, wie die Beobachtung bei verschiedenen Wallfahrten gezeigt hat, bei den Frauen eindeutig höher, wenn auch die Beschäftigung mit den Kindern sie teilweise vom Gebet ablenkt. Männer sind hingegen tendenziell stärker durch Themen, die nicht direkt zur Wallfahrt gehören, beschäftigt, wie es etwa bei einer kleinen Wallfahrt zu beobachten war, wo sich ein Teil der Männer über den Zustand der Felder unterhielt, ohne am Gebet Anteil zu nehmen.

Auch eine Vorbeterin bestätigt diese Beobachtungen im Interview, wenn sie sagt: *Frauen* haben *meistens mitbetet, Männer beten net so laut, Frauen* haben *fest mitbetet.*

Die Zahl der Teilnehmer ist großen Schwankungen unterworfen, die nicht zuletzt durch das Wetter bedingt sind. Außerdem ist prinzipiell zwischen den großen Festtagen mit zahlreichen Einzelbesuchen und den meist relativ kleinen Wallfahrten einzelner Orte zu unterscheiden.

Zu den großen Festterminen kommen – je nach Witterung – in der Regel einige hundert Personen nach Maria Helfbrunn. Eine Gesamtzahl ist jedoch nicht zu eruieren, da sich die Teilnehmerzahlen bei den Messen natürlich nicht mit der Gesamtzahl der religiös motivierten Teilnehmer decken. Dazu kommen jene, die wegen der weltlichen Aspekte der Wallfahrt nach Helfbrunn kommen.

So kamen z. B. am 8. 9. 1989 bei der Messe um 9 Uhr zu den ca. 90–100 Leuten, die in der Kirche Platz fanden, ca. 400, die vor der Kirche auf aufgestellten Bänken saßen oder stehen mußten. Eine zweite Messe, um 10.15 Uhr, wurde noch von ca. 230 Menschen besucht, sodaß an diesem Tag über 700 Personen einer Heiligen Messe beiwohnten.

Am 15. August 1992 waren, dem schlechten Wetter entsprechend, wesentlich weniger Besucher bei der Messe, nämlich nur ca. 350. Der Anna-Tag fällt hinsichtlich der Teilnehmerzahl deutlich von den beiden Marien-Feiertagen ab: so waren 1989 nur ca. 180 Menschen bei der Messe.

Anliegen der Wallfahrer

Gründe für Handlungen sind dem Handelnden nicht immer voll bewußt, können zumindest nicht immer ausgedrückt werden. Das gilt besonders für den Bereich des Religiösen und Brauchmäßigen. Auch wenn teilweise im Rahmen von Interviews eindeutige Erklärungen für die Teilnahme (oder auch Nichtteilnahme) an der Wallfahrt gegeben werden, so bleiben andere, vielleicht oft noch wichtigere Motivationen verborgen: Entweder sie sind dem Teilnehmer überhaupt nicht bewußt, oder er will sie nicht mehr oder weniger öffentlich preisgeben. Eine Wallfahrerin drückte es so aus: Hauptgrund seien die *Witterung und eigene Anliegen; die wird wahrscheinlich keiner sagen, man fragt auch gar nicht danach.*
Wenn sich in der Praxis auch zeigte, daß bei den meisten Interviewten doch eine gewisse Bereitschaft bestand, über die Gründe für die Teilnahme an Wallfahrten zu sprechen, so blieben viele Aussagen doch im Bereich des Allgemeinen und Formelhaften. Die Formulierung, daß jeder Wallfahrer mit *seinen* oder *verschiedenen Anliegen* oder *Nöten* nach Maria Helfbrunn pilgere, ist daher sehr oft zu hören, wird jedoch auf Nachfrage teilweise präzisiert (s. u.). Nahezu ebenso wichtig wie das Vorbringen der persönlichen Anliegen ist nach den Interviews der Dank für erlangte Hilfe, wobei die gemeinsame Nennung von Bitte und Dank jedoch seltener zu finden ist und oft eine gewisse Formelhaftigkeit erkennen läßt.
Die Gespräche mit den Wallfahrern ließen drei große Gruppen von Motivationen erkennen, die nicht immer klar voneinander zu trennen sind und durchaus gemeinsam zu einer Teilnahme führen können. Dazu zählen:
– Ernte, Fruchtbarkeit und Wetter,
– Krankheiten,
– persönliche Ereignisse.

Die Sorge um Ernte, Fruchtbarkeit und Wetter:
In einem besonders stark agrarisch strukturierten Gebiet kommt der Sorge um die Ernte eine große Bedeutung zu. Eine dementsprechend wichtige Rolle spielen

Abb. 28: Bei
den meisten
Wallfahrten
wird in der
Kirche eine
Andacht unter
Leitung eines
Vorbeters
oder einer
Vorbeterin
gehalten.

daher jene Wallfahrten, die dieses Thema zum Hauptinhalt haben. Sie sind teilweise noch heute in Verbindung mit dem sogenannten „Wetteramt"[131] zu sehen, einer Messe, die bezahlt und besucht wird, um für Witterung und Ernte zu beten. Die zeitliche Verbindung zwischen Wetteramt und „Helfbrunn-Beten" kann dabei unterschiedlich stark sein. Die Ortschaft Ratzenau hat ihr Wetteramt am Sonntag nach Pfingsten, der Haupttermin für das Helfbrunn-Beten ist der Fronleichnamstag, wobei oft schon am Montag oder Dienstag davor gegangen wird, besonders wenn Fronleichnam sehr spät fällt. Ist der Fronleichnamstag sehr regnerisch, ist auch eine Verschiebung auf den darauffolgenden Sonntag möglich.

Für Hofstätten, Schrötten und Eichfeld fand das Wetteramt am Mittwoch nach Ostern in Mureck statt, wurde aber Ende der achtziger Jahre nach Diepersdorf verlegt. Das „Helfbrunn-Beten" erfolgt jedoch wesentlich später, nämlich an Christi Himmelfahrt.

Eine direkte Verbindung zwischen Wetteramt und „Helfbrunn-Beten" ist also vom Termin her nicht gegeben, jedoch hat z. B. in Ratzenau jeweils ein Mitglied der bäuerlichen Gemeinde (Neuansiedler sind davon in der Regel ausgeschlossen), im Jahreswechsel die Kosten für das Wetteramt und unter Umständen für die Jause des Vorbeters zu übernehmen. Diese Reste einer bäuerlichen Gemeindeordnung werden teilweise auch von den Teilnehmern als *Bauernbrauchtum* oder *Bauernguat* bezeichnet.

Krankheiten:
Die Heilung von Krankheiten ist wohl bei jedem Wallfahrtsort eines der wichtigsten Motive der Wallfahrer. So stellte auch in Maria Helfbrunn das Baden in der Quelle, neben dem Wegkreuz, den Beginn der Wallfahrt dar. Gegen welche Krankheiten und Leiden „der Helfbrunn" anfangs aufgesucht wurde, wird nicht explizit erwähnt, jedoch wird sowohl das Baden als auch das Trinken genannt. Dies läßt schon für diese Zeit auf erhoffte Hilfe bei äußerlichen (besonders Gelenks-) als auch innerlichen Krankheiten schließen.
Die Erinnerung der Befragten an verschiedene Votivgaben zeigt für das späte 19. und das frühe 20. Jahrhundert eindeutig zwei Schwerpunkte: einerseits die

Beine, repräsentiert durch die Krücken, und andererseits den Kopfbereich, für den Haarzöpfe als Votive gespendet wurden. Stadtpfarrer Franz Weiß bringt ein Beispiel, das für die Situation in Maria Helfbrunn typisch ist: *Mir hat eine alte Bürgerin – da von Mureck – erzählt, daß sie von einem Heilungswunder gewußt hat, daß jemand, der quasi Augenleiden ghabt hat oder fast blind war, durch das Wasser oben sei gesund geworden, aber ... irgendwo Aufzeichnungen sind keine vorhanden, und so weiß ich nicht viel weiters.* Heilungsberichte beziehen sich nie auf direkte Angehörige, sondern immer auf Bekannte von Bekannten oder Verwandten, ein Weiterverfolgen ist so unmöglich.[132] Auch das Fehlen von Aufzeichnungen und die Entfernung der Votivgaben bei der Renovierung der Kirche 1976 erschweren eine genauere Untersuchung.

Spezielle Ereignisse und Anlässe:
Neben der Gesundheit, die zweifellos ein sehr persönliches Anliegen ist, in das oft auch die Angehörigen mit aufgenommen werden, werden auch andere Ereignisse des Lebenslaufs als Anlaß für eine Wallfahrt genannt.
Ein Anlaßfall, der in den Erzählungen älterer Gewährsleute auch heute noch große Bedeutung hat, ist der Krieg. Offizielle Wallfahrten waren zu dieser Zeit verboten, trotzdem wurden Wege gefunden, auch organisiert nach Helfbrunn zu pilgern. Oft ging man in kleinen Gruppen nach Maria Helfbrunn, fallweise gab es auch „getarnte" Wallfahrten, wie zum Beispiel den schon erwähnten Radausflug (s. o.). Während in der Kriegszeit und knapp danach Frauen hauptsächlich für ihre Männer und Söhne beteten, gab es umgekehrt zahlreiche Verlöbnisse von Männern im Krieg oder in Gefangenschaft, daß sie bei glücklicher Heimkehr ihren Dank in Helfbrunn abstatten würden, etwa durch eine jährliche Wallfahrt. Andererseits wird auch erzählt, daß nach dem Krieg eine, inzwischen bereits verstorbene, Frau aus Gosdorf auf den Knien nach Maria Helfbrunn gewallfahrtet sei, als Dank, daß sie von *den Russen* verschont geblieben ist. In einem anderen Interview wird sogar von *die Gosdorfer Dirndln* gesprochen, die dies getan hätten, ohne daß noch Namen bekannt wären. Auch die Überzeugung, bei der Flucht vor den Sowjet-Soldaten in die Helfbrunner Kirche von der Helfbrunner Madonna beschützt worden zu sein, wurde von zwei Frauen geäußert.
Neben diesen aus den besonderen zeitlichen Bedingungen heraus motivierten Bittgesuchen und Dankabstattungen wurden auch andere genannt, wie die Bitte um eine glückliche Ehe oder jene um Erfolg bei einer Prüfung, die aber von der Häufigkeit her einen wesentlich geringeren Stellenwert einnehmen.

Daß auch weltliche Aspekte, wie die Möglichkeit, von zuhause wegzukommen und zumindest einen halben freien Tag zu haben, besonders bei Frauen als – wenngleich untergeordnete – Motivationen für die Teilnahme an der Wallfahrt genannt werden, soll nicht unerwähnt bleiben. Auch das Aufrechterhalten von *Gemeinschaft* wird hier oft erwähnt. Eine größere Rolle spielen diese weltlichen Motivationen jedoch bei den Wallfahrten, die weiter entfernte Gnadenorte zum Ziel haben, wie etwa Maria Zell oder auch Altötting und Lourdes, und bei denen der Aspekt der gemeinsamen Unternehmung (sei es der lange Fußmarsch oder die gemeinsame Reise) einen entsprechend großen Stellenwert aufweist.

Das Besucherbuch als Anliegenbuch:
Das bereits oben beschriebene Buch wurde als Besucherbuch aufgelegt, in dem sich sowohl religiös motivierte als auch rein touristische Besucher eintragen können. Der Gedanke dabei war, den Einzugsbereich der Wallfahrt auch außerhalb der bekannten Gruppenwallfahrten feststellen zu können. Sehr bald erhielt das Buch jedoch eine zusätzliche Funktion: Neben bzw. statt der Eintragung von Namen und Herkunftsort hielten viele Besucher ihre religiösen Anliegen fest oder formulierten ihren Dank an Gott oder die Muttergottes. Diese zusätzliche Funktion als „Anliegenbuch"[133] entspricht offenbar einem dringenden Bedürfnis vieler Besucher, ihre Bitten oder Danksagungen schriftlich fixieren zu können, um ihnen so mehr Gewicht zu verleihen. Der Wunsch, sich selbst mit dieser Eintragung interessanter zu machen oder „öffentlich" aufzuscheinen, kann hingegen ziemlich ausgeschlossen werden, da die allermeisten dieser Eintragungen mehr oder weniger anonym sind: Von Initialen über eine unleserliche Paraphe bis zur alleinigen Angabe des Vornamens, des Wohnortes oder auch nur der Postleitzahl reichen die Formen der Unterzeichnung; manche Eintragungen sind auch gar nicht unterzeichnet, sondern enthalten nur eine Bitte oder Danksagung. Im ersten Jahr, 1988, ist die Zahl der religiösen Eintragungen noch sehr spärlich; so findet sich etwa im September trotz des großen Wallfahrtstages nur eine einzige Eintragung mit religiösem Inhalt. Bereits im Spätherbst dieses Jahres nimmt jedoch die Zahl der Bitt- und Dankeintragungen zu und zieht sich dann (natürlich mit gewissen Schwankungen) bis zur letzten Eintragung durch.
Inhalt und Ausführlichkeit der Eintragungen sind sehr unterschiedlich: Sie reichen von einem schlichten „Danke!" bis zu Gebeten oder individuellen Bitten, die eine knappe DIN-A5-Seite füllen. Wenn auch eine exakte quantifizierende Auswertung der Eintragungen nicht sinnvoll erscheint, so lassen sich doch eindeutige Tenden-

zen in den Intentionen der Gläubigen erkennen. Gut zwei Drittel der Eintragungen sind Bitten, bei einem kleinen Teil von ihnen ist gleichzeitig auch ein Dank mit eingeschlossen. Ein gutes Fünftel der Eintragungen sind hingegen reine Danksagungen für erlangte Hilfe. Ein kleiner Rest (unter 10 %) kann weder als Bitte noch als Dank eingestuft werden und enthält z. B. Lobpreisungen oder Feststellungen wie *ich bin ein Kind Gottes*.

Der Inhalt der Bitten ist sehr weit gestreut. Er reicht von sehr allgemeinen Bitten für *den Frieden* oder für *alle Kranken* über die sehr häufige Bitte um *Gesundheit* für Familie und Verwandte bis zur Bitte um eine *gute Fahrt mit dem Auto*. Auch um Hilfe bei sehr persönlichen und individuellen Problemen, die teilweise recht detailliert dargestellt werden und das tiefe Vertrauen der Gläubigen erkennen lassen, wird oft gebeten. Da es sich dabei eben um sehr persönliche Anliegen handelt, soll auf eine weitergehende und detailliertere Analyse dieser Bitten verzichtet werden. In Wiener Pfarren, in denen spezielle Anliegen- oder Fürbittenbücher aufgelegt wurden, die es den Gläubigen ermöglichen, ihre Bitten schriftlich zu deponieren, werden diese Bücher teilweise wieder entfernt und durch Briefkästen ersetzt, um eine größere Anonymität zu gewährleisten und die persönlichen Eintragungen vor allgemeiner Einsichtnahme zu schützen.[134] Auf diese Weise können auch „Jux-Eintragungen", besonders von Kindern und Jugendlichen, weitgehend vermieden werden.

Die Dankeseintragungen reichen von einem eher unspezifischen *Danke* oder *Danke für die Hilfe*, hinter dem natürlich die Erfüllung ganz konkreter Wünsche stehen kann, bis zu spezifischen Danksagungen für Hilfe in familiären Angelegenheiten oder bei bestimmten Ereignissen wie Krankheiten; aber auch schöne (Urlaubs-)Tage können der Grund für eine Danksagung sein. Oft ist der Dank gleich an eine Bitte oder mehrere Bitten angeschlossen oder geht einer neuen Bitte voraus, sodaß deutlich wird, daß hier nicht ein einmaliger Anlaßfall für eine Bitte vorliegt, sondern offenbar immer wieder oder sogar regelmäßig Dank abgestattet und zugleich um neue Hilfe gebetet wird.

Wer ist nun der Adressat von Bitten und Dank? Nur in einer geringen Zahl der Fälle wird Gott selbst genannt. In den meisten Fällen gehen die Bitten an Maria, was bei einer Marienwallfahrt nicht weiter verwunderlich ist; jedoch wird Maria nur in wenigen Einzelfällen als Fürsprecherin vor Gott angerufen, sondern meist selbst um Hilfe gebeten. Die Formen der Anrede zeigen dabei eine oft sehr enge Bindung an die *Muttergottes* oder *Gottesmutter*, die auch als *Himmelmutter, Himmelmutti* oder auch speziell als *liebe Helfbrunner Maria* angesprochen wird. Im letzten Fall wird Maria also nicht als Heilige, als Mutter Gottes, die an verschiedenen Orten verehrt wird, angebetet, sondern konkret als Maria Helfbrunn zugeordnete Heilige. Neben Gott und Maria wird einige Male auch Jesus um Hilfe angerufen, einmal – in Gemeinschaft mit Jesus und Maria – auch der hl. Josef sowie Joachim und Anna als Eltern Marias.

Leider muß bei all diesen Eintragungen das unklar bleiben, was für eine ausführliche und schlüssige Analyse der Wallfahrt aus volkskundlicher Sicht vonnöten wäre: die Herkunft, das Alter, das Geschlecht und die soziale Stellung der Gläubigen, die ihre Bitten und Danksagungen hier eintragen. Zwar ist anzunehmen, daß auch hier der lokale Zuzug überwiegt, zwar sieht man anhand von Formulierungen, Orthographie und Schriftduktus, daß offenbar ein großer Teil der sich Eintragenden keine Höhere Schule absolviert hat und daß alle Altersschichten vertreten sind (wobei alte Menschen und Jugendliche überwiegen), aber eine genaue Aufschlüsselung all dessen ist nicht möglich, da sie wohl nur mit Hilfe eines Graphologen durchführbar wäre. So kommt man in diesem Punkt über Vermutungen, die jedoch einigermaßen plausibel zu sein scheinen, nicht hinaus.[135]

Votivgaben

Votivgaben sind Spenden von Gläubigen, die in der Hoffnung auf Hilfe oder als Dank für erhaltene Hilfe an einem Gnadenort gestiftet werden. Material und Form können dabei spezielle Bedeutung haben, auf alle Fälle ist ein besonderer Bezug zum Spender oder zum Anlaß gegeben.

In Maria Helfbrunn sind zur Zeit nur einige wenige Votive vorhanden, die aus jüngster Zeit stammen. Die Kirche war aber, soweit dies aus Gesprächen mit Gewährsleuten zu rekonstruieren ist, ziemlich reich mit Votiven ausgestattet. Reste dieser reichen Ausstattung waren noch in den siebziger Jahren vorhanden, wie ein Foto von Sepp Walter zeigt (Abb. 29).[136] Zwei Arten von Votiven sind in der Überlieferung noch besonders lebendig: Krücken und Haarzöpfe. Krücken dürften besonders im 19. Jahrhundert als Votivgabe nach der Heilung von Fuß- und Beinleiden besonders beliebt gewesen sein. In einem Haus neben der Kirche wurden der Erzählung nach kurz nach der Jahrhundertwende die Krücken als Brennmaterial beim Brotbacken verwendet. Oft wird die Zahl 2 genannt, die Enkelin der damaligen Besitzerin spricht sogar vom mehrmaligen Brotbacken: *... mit Krücken sind viele gekommen und dann hat mir die Großmutter erzählt, sie is schon längst* *verstorben, viele Jahre, 1873 hat sie hierher geheiratet, und da sind sie weggangen, ham gebetet und gebadet und sind weggegangen geheilt und ham die Krücken dalassen. Und sie hat mir erzählt, ich kann es unter Eid bestätigen, sie hat wiederholt Brot gebacken mit die Krücken, die die Pilger dalassen ham, die geheilt worden sind.* Auch wenn die hier gegebene besonders große emotionale Bindung zur Wallfahrt und zu Maria Helfbrunn möglicherweise zu einer gewissen Überbewertung führt, so ist das Faktum, daß die Krücken als Brennmaterial verwendet wurden, doch als einigermaßen gesichert anzunehmen.

Neben den Krücken werden auch Haarzöpfe und Bilder als Votivgaben genannt, die an der Rückseite des Altars und im Chorraum vorhanden waren. Sie fielen 1976 der Renovierung der Kirche zum Opfer, wobei besonders hygienische Gründe von mehreren Gewährsleuten als Auslöser für die Entfernung genannt wurden, aber auch die Meinung, *das war halt so veraltet, net, ... , bei der Entrümpelung hat ma dann das müssen wegtun, es war schon sehr alt, scho sehr sehr lange drüben,* ist zu hören. Den Aussagen von Stadtpfarrer Franz Weiß nach hat es sich bei den Bildern um *so einfache, billige Bilder eigentlich nur, die dort ghängt sind, und eigentlich nix besonders Wertvolles* gehandelt, die im Laufe der Sanierungsarbeiten zusammen mit den verstaubten Zöpfen und Krücken „verschwunden" seien.

Abb. 29: Votivgaben an der Rückwand des Altars vor der Renovierung der Kirche 1976.

In weit geringerem Ausmaß werden Wachsfüße und -arme als Votivgaben in Maria Helfbrunn genannt, die – ebenfalls verschwunden – wohl großteils aus der Lebzelterei Civrani in Mureck stammten. Dieser Betrieb existierte von 1835 bis 1960;[137] Reste der Ausstattung (u. a. Model für die Herstellung von Fuß- und Augenvotiven) befanden sich bis vor einigen Jahren im Besitz der Nachfahren.[138] *Brautkränze als Dank für eine glückliche Vermählung, eine glückliche Ehe* wurden nur einmal erwähnt.

Als Votivgaben der Herzogin von Berry wurden mehrfach zwei bzw. drei silberne Herzen in der Grotte erwähnt, die 1949, bei der Rückkehr eines Befragten aus der Kriegsgefangenschaft, noch vorhanden, kurz darauf aber verschwunden waren, ohne daß die Umstände des Verschwindens je geklärt werden konnten. Jedenfalls war auch die Grotte Ziel der Votanten, denn neben den Silberherzen waren auch Votivbilder vorhanden.

77

Eine Sonderform der Devotion ist das Hinterlassen des Namens oder Besuchsdatums, unter Umständen verbunden mit einer Bitt- oder Dankesformel. Solche Eintragungen waren sowohl in der Kapelle an den Wänden und an der Altarrückwand als auch in der Grotte vorhanden, wurden aber bei den Renovierungen natürlich großteils übermalt.

Schließlich ist auch die Wachskerze ein Opfer, das den Votivgaben zugeordnet werden kann. Wurden und werden reich verzierte Wachskerzen an den großen Wallfahrtsorten aufbewahrt, so werden in Maria Helfbrunn die stets einfachen Kerzen gleich angezündet, um Bitte oder Dank zu unterstützen.

Weltliche Aspekte der Wallfahrt

Der primäre Anlaß für eine Wallfahrt liegt sicher im religiösen Bereich. Dennoch haben weltliche Elemente als wirtschaftliche und kulturelle Begleitumstände eine

Abb. 30: Das Treffen im Wirtshaus nach der Wallfahrt gehört für die meisten Teilnehmer/innen „einfach dazu".

78

große Bedeutung. Dazu zählen in Maria Helfbrunn vor allem der Besuch des Gasthauses und – zweimal im Jahr – der Markt.

Beim gemeinsamen Besuch des Wirtshauses wird meist eine einfache Jause eingenommen. Ein Wirtshaus wird ja schon in den frühesten Nennungen der Wallfahrt erwähnt, dürfte also kaum jünger sein als die Wallfahrt selbst und soll, den ersten Anschuldigungen nach, zumindest teilweise von den Spendengeldern bezahlt worden sein. Im 20. Jahrhundert unterlag auch der Besuch des Wirtshauses starken Schwankungen, die besonders durch Kriege und wirtschaftliche Krisenzeiten negativ bestimmt waren: Wenn das Gasthaus überhaupt besucht wurde, so wurde nur ein Getränk gekauft, die Jause wurde in der Regel von zuhause mitgenommen. Erst seit der wirtschaftlichen Besserung erfolgt wieder eine stärkere Konsumation, wobei wohl auch die Kapazitäten der Gast-

wirtschaft hier eine Grenze setzen: Die beliebtesten Wallfahrerjausen sind Würstel und Wurstsalat, wobei normalerweise jeder selbst zahlt. Lediglich der Vorbeter bekommt als Ersatz für seine Mühe die Jause meist bezahlt (Abb. 30). Fallweise sind aber auch hier neue Entwicklungen festzustellen, so etwa bei den Ratzenauer Wallfahrern, wo es sich in den 80er Jahren eingebürgert hat, daß jeweils ein Teilnehmer drei bis vier Liter Wein für die Runde zahlt. Daß die gemeinsame Jause, besonders bei Männern, nicht immer die letzte Wirtshausstation einer Wallfahrt ist, wurde bei den Interviews ebenfalls deutlich.

Die wesentlichen Geschäftstage für den Wirt sind natürlich die Marienfeiertage im August und September: Der doch beachtliche Zustrom zur Wallfahrt und der Marktbetrieb sorgen für erhöhte Umsätze. Zusätzlich wird in der Tradition der Kirtage ein „Gartenfest" veranstaltet, das 1992 – zusammen mit der Wallfahrtsmesse um 9 Uhr – auf Plakaten angekündigt war. Musik und Tanzmöglichkeit dürfen hier ebensowenig fehlen wie Gegrilltes und ausreichend Getränke (Abb. 31); bei der zweiten Messe vermischen sich dann oft bereits die Marienlieder der Gläubigen mit der Musik vom Tanzboden.

Wie bei den meisten Wallfahrtsorten gibt es auch in Maria Helfbrunn an den großen Feiertagen einen Markt. Ein genauer Entstehungszeitpunkt dieses Marktes

Abb. 31: An den großen Festterminen gibt es zusätzliche Sitzmöglichkeiten im Hof und in den offenen Schuppen des Wirtshauses.

Abb. 32, 33:
Häferl als
Wallfahrts-
andenken.

ist nicht zu eruieren. Die Erinnerungen der ältesten Gewährspersonen reichen bis ins frühe 20. Jahrhundert zurück, jedoch ist ein Bestehen des Marktes schon lange vor dieser Zeit anzunehmen. Die Größe des Marktes wird in ihrer zeitlichen Entwicklung sehr unterschiedlich beurteilt, genaue Aussagen gibt es keine. Jedenfalls war ursprünglich – wie bei der Wallfahrt selbst – der 8. September der wichtigere Tag. Als Marktareal dient die Straße, die am Fuß des Kirchenhügels vom Pock-Wirt nach Westen führt.

Die Entwicklung des Angebotes ist kaum nachvollziehbar, da die Erinnerung der Befragten in diesen Details kaum ergiebige Angaben bietet. In Privatbesitz sind noch zwei Andenkenhäferln erhalten, die einen Hinweis auf den Verkauf von Wallfahrtsandenken geben, wie er heute nicht mehr üblich ist. Das eine, einfachere Häferl trägt in hellgrüner Farbe die Aufschrift „Andenken an Maria Helfbrunn" und sparsames florales Dekor (Abb. 32). Auf der Unterseite ist die Herstellermarke „Wilhelmsburger Porzellan Austria R" zu sehen. Das andere Häferl ist schon von der Form her aufwendiger und trägt als Dekor eine mit „Kirche mit Grottenkapelle" beschriftete Gesamtansicht von Maria Helfbrunn und der Gnadenstatue. In einem Spruchband ist „Gruss aus Maria Helfbrunn" zu lesen (Abb. 33). Nach Auskunft einer Gewährsfrau wurden solche Häferl bis in die frühen 50er Jahre verkauft.

Daneben gab es um die Jahrhundertwende auch eine Reihe von Andachts- und Andenkenbildern (Titelbild u. Abb. 4), von denen eines 1988 von der „Kulturinitiative Ratschendorf" neu aufgelegt wurde. Auch die Ansichtskarten aus dieser

Zeit belegen durch ihre Vielzahl an Motiven eine große Nachfrage und damit auch einen großen Zustrom zur Wallfahrt (Abb. 3). Verleger der Ansichtskarten waren u. a. die Geschäftsleute Josef Leber in Helfbrunn und Franz Gangl in Ratschendorf.[139]

Wichtiger Bestandteil der Jahrmärkte waren lange die Lebzelter und Wachszieher, die oft neben Wachsvotiven, Kerzen, Wachsstöcken und Lebkuchen auch Met zum Verkauf anboten. Für Maria Helfbrunn ist der Murecker Lebzelter und Wachszieher Civrani unter anderem durch den Verkauf von Met vielen Gewährsleuten noch gut in Erinnerung.[140]

Im derzeitigen Warenangebot sind Wallfahrtsandenken, wie auch sakrale Gegenstände unterschiedlichster Art, kaum vertreten. Der *HL. Figuren Abverkauf zum halben Preis*, wie er am 15. August 1992 an einem Stand mit Obst, Blumen und Most zu finden war, ist zweifellos die Ausnahme. Das Marktangebot wird zur Zeit von Kleidung (Abb. 34), Spielzeug und Süßigkeiten (Abb. 35) dominiert. So waren am 8. September 1989 zwölf Stände mit Spielzeug, Schmuck und Süßigkeiten und zehn mit Kleidung zu finden. An je zwei Ständen wurden Haushaltswaren und Musik-Casetten angeboten, je einmal waren Landmaschinen und sakrale Schnitzereien zu verzeichnen.

Eine Sonderstellung nimmt ein Stand ein, der stets bei der Kirche auf dem Hügel errichtet wird und auf dem vor allem Kerzen verkauft werden (Abb. 36). Jedoch gibt es mittlerweile auch Süßigkeiten und etwas Spielzeug dort zu kaufen. Die Betreiberin des Standes, die neben der Kirche wohnt und ihr auch emotional

Abb. 34: Bekleidung - im weitesten Sinn - gehört zu den wichtigsten Handelsgütern an den beiden Markttagen im August und September.

Abb. 35: Süßigkeiten machen einen wesentlichen Anteil des Warenangebotes bei den Verkaufsständen aus.

besonders verbunden ist, wurde bereits weiter oben genannt: Ihre Großmutter hatte schon 1856 bei der Einweihung der ersten Kirche teilgenommen und um die Jahrhundertwende die Krücken als Brennmaterial verwendet; sie selbst gehörte zu den Frauen, die im Krieg vor sowjetischen Soldaten in die Kirche flüchteten und die *die Muttergottes beschützt hat alle.*

Als zusätzliche Attraktionen des Kirtags gibt es fallweise Jahrmarktbelustigungen, wie Schaukeln oder früher auch Ringelspiele und eine Achterbahn.

Abb. 36: Am Kirchhügel werden auf einem speziellen Verkaufsstand unter anderem Opferkerzen verkauft.

Zusammenfassung

Die Wallfahrt in Maria Helfbrunn, 1716 zum ersten Mal schriftlich faßbar, ist wohl in der 2. Hälfte des 17. Jahrhunderts entstanden. Wie bei vielen Wallfahrten sind die genauen Hintergründe der Entstehung unbekannt, wesentlich ist jedoch, daß die Wallfahrt zunächst aus religiösen und wirtschaftlichen Gründen vom zuständigen Pfarrherrn, dem Dechanten von Straden, abgelehnt wird. Der Streit zwischen geistlicher und weltlicher Herrschaft um Geld und Moral ist durch Jahrzehnte verfolgbar. Erst mit der Umpfarrung von Straden nach Mureck Mitte des 19. Jahrhunderts beginnt der kirchlich genehmigte und geförderte Aufstieg der Wallfahrt. Für Straden war im 18. Jahrhundert Maria Helfbrunn eine lästige Konkurrenz, für Mureck wird es im 19. Jahrhundert zur zusätzlichen Einnahmequelle. Die großen baulichen Ereignisse – Bau einer Kapelle am Hügel 1856, Errichtung der Grotte 1881, Erweiterung der Kapelle 1898 – zeigen den großen Zuzug und damit die Bedeutung der Wallfahrt um diese Zeit. Die Weihe des neuen Altars 1914 stellt den Endpunkt in dieser Entwicklung dar.

Der Zuzug nach Maria Helfbrunn war um die Jahrhundertwende sehr stark. Das Ende des Ersten Weltkriegs mit der nachfolgenden neuen Grenzziehung schränkte jedoch den Zuzug von Wallfahrern aus der ehemaligen Untersteiermark, die bis dahin ein wichtiges Einzugsgebiet des Helfbrunner Wallfahrtsgeschehens gewesen war, stark ein bzw. beendete ihn überhaupt.

Einen großen Einschnitt in der Wallfahrtsentwicklung stellten der Zweite Weltkrieg und die Zeit danach dar. In den fünfziger Jahren wurden zahlreiche Gruppenwallfahrten eingestellt, das Waschen im Bassin vor der Grotte fand ein Ende, da es als unhygienisch eingestuft wurde.

Mit der Zunahme neuer Verkehrsmittel gab es weitere Veränderungen. Hatte schon in den dreißiger Jahren die Verwendung des Fahrrades neue Akzente gesetzt und oft dazu geführt, daß Radfahrer nicht mehr mit der Gruppe gingen, sondern den Weg nach Maria Helfbrunn selbständig zurücklegten, so wurde diese Entwicklung durch den zunehmenden Einsatz von Kraftfahrzeugen noch gefördert. Viele Wallfahrten, die früher zu Fuß durchgeführt wurden, bestehen jetzt nur noch aus dem gemeinsamen Einzug in die Kirche, nachdem alle Teilnehmer mit dem Auto bis zum Kirchhügel gefahren sind. Diese neue Form wird teilweise, so von einem Vorbeter, auch nicht mehr als „richtige" Wallfahrt angesehen.

Die Organisationsformen der Wallfahrt sind vielfältig: Neben den drei Hauptwallfahrtstagen – 15. August, 8. September und 26. Juli –, an denen meist mehrere

Heilige Messen gelesen werden, gibt es vereinzelt Wallfahrten, die unter Leitung eines Geistlichen durchgeführt werden und daher auch einen Gottesdienst enthalten. Der Großteil der „Wallfahrten" findet jedoch ohne Messe, sondern nur mit einer Andacht statt. Diese „Wallfahrten", teilweise im Zusammenhang mit dem Wetterbeten, werden von den meisten Gewährsleuten trotz des Fehlens einer Messe als „richtige Wallfahrt" verstanden, wie auch das gemeinsame Beten einiger weniger in Maria Helfbrunn meist als Wallfahrt betrachtet wird. Teilweise wird jedoch differenziert in Wetterbeten und Wallfahrt, wobei dann „Wallfahrt" auf die drei Hauptfeste beschränkt bleibt.

Die Teilnehmerzahlen unterliegen starken Schwankungen: War direkt nach dem Krieg eine starke Beteiligung zu verzeichnen, so schwand in den darauffolgenden Jahrzehnten das Interesse, die letzten Jahre brachten wieder einen Aufschwung, der sich teilweise auch in neuen Organisationsformen – besonders unter Jugendlichen – bemerkbar macht: Stern- und Radwallfahrten, die von katholischen Organisationen veranstaltet werden, sollen einen Anreiz bieten, an einer Wallfahrt teilzunehmen. Das „neue" Publikum setzt freilich auch die Akzente anders. Ist für die meisten älteren Teilnehmer die Grotte ein wesentlicher, wenn nicht d e r wesentliche Teil der Wallfahrt, so spielt sie für die jüngeren Teilnehmer oft keine Rolle, wird im Extremfall nicht einmal „bemerkt". Nur diese aktuellen Veränderungen und Entwicklungen können jedoch der Grundstein für ein Fortbestehen der Wallfahrt nach Maria Helfbrunn sein.

Anhang

Anmerkungen

1 Iso Baumer – Walter Heim, Wallfahrt heute. Freiburg/CH 1978, S. 21.
2 Lexikon für Theologie und Kirche (LThK). 2. Aufl., Bd. 10, Freiburg i. B. 1965, Sp. 941.
3 Ebd.
4 Ebd., Sp. 942.
5 Zu den außerchristlichen Wallfahrten vgl. z. B. Bernhard Kötting, Peregrinatio religiosa. Wallfahrt in der Antike und das Pilgerwesen in der alten Kirche (= Forschungen zur Volkskunde 33–35). Regensburg – Münster 1950, S. 12–79.
6 Hebr 13,14.
7 Apk 21,2 ff.
8 Die Religion in Geschichte und Gegenwart (RGG). 3. Aufl., 6. Bd, Tübingen 1962, Sp. 1540.
9 Ebd., Sp. 1541.
10 Vgl. Helmut Eberhart, Der Mirakelzyklus in der Wallfahrtskirche Maria Freienstein. In: Der Leobener Strauß 7, 1979, S. 61–102 und ders., Das Mirakelverzeichnis von Maria Freienstein aus dem Jahre 1762. In: Der Leobener Strauß 8, 1980, S. 119–158.
11 LThK, Bd. 10, Sp. 467.
12 Vgl. dazu auch Ernst Tomek, Kurze Geschichte der Diözese Seckau. Graz 1918, S. 286.
13 Burkhard Pöttler, Die Auswertung narrativer Interviews zum Thema Wallfahrt. Ein Arbeitsbericht. In: Thomas Engelke – Jürgen Nemitz – Carolin Trenkler (Hg.), Historische Forschung mit $\kappa\lambda\epsilon\iota\omega$ (= Halbgraue Reihe zur Historischen Fachinformatik A8). St. Katharinen 1990, S. 87–92.
14 DAG, Pfarrfaszikel Mureck VII d 10, Bericht wegen des so genanndten Maria Hellfbrun, 17. 3. 1722. Vgl. dazu auch: Karl Klamminger, Die Helfbrunn-Kapelle bei Mureck. In: Sonntagspost vom 7. 11. 1971, S. 15;
15 DAG, Pfarrfaszikel Mureck VII d 10, Bericht wegen des so genanndten Maria Hellfbrun, 17. 3. 1722.
16 Vgl. dazu Norbert Müller, Die Pfarrer und Dechanten in Straden. In: Gottfried Allmer – Norbert Müller, 800 Jahre Pfarre Straden 1188–1988. Straden 1988, S. 88f.
17 DAG, Ordinariatsprotokoll, Bd. 1716–1717, fol. 49v–50r.
18 DAG, Pfarrfaszikel Mureck VII d 10, Informations-Relation, undatiert.
19 DAG, Ordinariatsprotokoll, Bd. 1716–1717, fol. 62v.
20 DAG, Pfarrfaszikel Mureck VII d 10, Copia Decreti an H. Dechändt zu Straden wegen deß sogenanten Hellffbrun, 22. 5. 1717.
21 Ebd.
22 DAG, Pfarrfaszikel Mureck VII d 10, Pro Memoria, undatiert.
23 Ebd.
24 DAG, Pfarrfaszikel Mureck VII d 10, Informations-Relation, undatiert.
25 Ebd.
26 Ebd.

27 Vgl. dazu Josef Andr. Janisch, Topographisch-statistisches Lexikon von Steiermark. Bd. 3, Nachdr. Graz 1980, S. 1082–1087.

28 DAG, Pfarrfaszikel Mureck VII d 10, Informations-Relation, undatiert.

29 DAG, Pfarrfaszikel Mureck VII d 10, Schreiben, undatiert. Das Blatt mit der Adresse trägt einen Archivvermerk mit der Datierung 1729; da der Adressat jedoch von 1721–1723 regierte, ist diese Datierung offenbar nachträglich fehlerhaft erfolgt.

30 Ebd.

31 Ebd.

32 Ebd.

33 Ebd.

34 DAG, Pfarrfaszikel Mureck VII d 10, Bericht wegen des so genanndten Maria Hellfbrun, 17. 3. 1722.

35 Ebd.

36 Ebd.

37 Ebd.

38 StLA, A. Lamberg, Sch. 158, H. 1.

39 DAG, Pfarrfaszikel Mureck VII d 10, Pro memoria, undatiert.

40 DAG, Pfarrfaszikel Mureck VII d 10, Schreiben, undatiert.

41 Ebd.

42 Ebd.

43 DAG, Pfarrfaszikel Mureck VII d 10, Schreiben vom 8. 9. 1729. Die Kommission wird *auf nächsten Erchtag als den 13ten dits* einberufen. Der 13. 9. ist jedoch ein Samstag. Eine Ver-schreibung beim Datum des Briefes ist unwahrscheinlich, da auch in den anderen Jahren der Amtszeit von Jakob Ernst als Bischof von Seckau kein Dienstag auf einen 13. September fällt. Auch im Schreiben der Kommission, datiert mit 16. 9. 1729, wird vom *ingst abgewichenen Ertag als den 13. Dits* gesprochen.

44 Ob es sich dabei um einen Vertreter der bekannten Grazer Architekten- und Baumeisterfamilie Stengg handelt, ist zwar nicht zu klären, die Möglichkeit ist jedoch durchaus naheliegend.

45 DAG, Pfarrfaszikel Mureck VII d 10, Schreiben v. 16. 9. 1729, Beilage vom 22. 8. 1729

46 DAG, Pfarrfaszikel Mureck VII d 10, Schreiben v. 16. 9. 1729.

47 Ebd.

48 DAG, Pfarrfaszikel Mureck VII d 10, Pro memoria, undatiert.

49 Ebd.

50 Vgl. dazu Müller, Pfarrer und Dechanten, S. 90f.

51 DAG, Pfarrfaszikel Mureck VII d 10, Schreiben, undatiert, protokolliert am 27. 2. 1767.

52 DAG, Pfarrfaszikel Mureck VII d 10, Konzept, 11. 6. 1767.

53 Ebd.

54 DAG, Pfarrfaszikel Mureck VII d 10, Schreiben v. 17. 6. 1767.

55 DAG, Pfarrfaszikel Mureck VII d 10, Pro Memoria, undatiert.

56 DAG, Pfarrfaszikel Mureck VII d 10, Schreiben v. 11. 7. 1767.

57 DAG, Pfarrfaszikel Mureck VII d 10, Schreiben v. 6. 11. 1767.

58 DAG, Pfarrfaszikel Mureck VII d 10, Schreiben v. 16. 3. 1768.

59 DAG, Pfarrfaszikel Mureck VII d 10, Schreiben v. 4. 7. 1768.

60 DAG, Pfarrfaszikel Mureck VII d 10, Schreiben v. 28. 8. 1768.

61 DAG, Pfarrfaszikel Mureck VII d 10, Rechnung v. 13. 11. 1768.

62 DAG, Pfarrfaszikel Mureck VII d 10, Quittung v. 13. 11. 1768.

63 DAG, Pfarrfaszikel Mureck VII d 10, Schreiben v. 5. 4. 1769.

64 DAG, Pfarrfaszikel Mureck VII d 10, Schreiben v. 12. 4. 1769.

65 StLA, FK 649, Ratschendorf: Grundparzellenprotokoll.

66 StLA, JK Ratschendorf, Summarium über die individuellen Ertrags-Bögen aller Grundbesitzer, 20. 6. 1820.

67 StLA, FK 649, Ratschendorf: Bauparzellenprotokoll und Mappe.

68 StLA, FK 649, Ratschendorf: Grundparzellenprotokoll.

69 Das Fürhapp, auch Fürhäpp und Fürhaupt ist ein „einem Acker quer vorliegendes Bodenstück, breiter Ackerrain“. Theodor Unger – Ferdinand Khull, Steirischer Wortschatz als Ergänzung zu Schmellers Bayerischem Wörterbuch. Graz 1903, S. 260.

70 StLA, JK Ratschendorf, Summarium Ratschendorf, 25. 10. 1787.

71 StLA, MTK GH 300, Subrepartitionstabelle 1755.

72 StLA, GbAR 664, fol. 101.

73 StLA, GbNR, BG Mureck 293, fol. 69.

74 Zur Umpfarrung siehe: Norbert Müller, Größe und Umfang der Pfarre bzw. des Dekanates Straden im geschichtlichen Wandel. In: Allmer – Müller, Straden, S. 46–69. Danach stimmt Dechant Georg Cedermann schon 1781 prinzipiell einer Auspfarrung jener Dörfer, die über 1,5 Stunden von der Pfarrkirche entfernt sind, zu, wenn ein Ersatz der Stolgebühren und Opfergelder erfolgt. Die endgültige Umpfarrung nach Mureck erfolgt jedoch erst 1862, also 6 Jahre nach dem Kapellenneubau unter dem Murecker Pfarrer!

75 DAG, Pfarrfaszikel Mureck VII d 10, Schreiben v. 18. 2. 1856.

76 DAG, Pfarrfaszikel Mureck VII d 10, Beilage zum Schreiben v. 18. 2. 1856; s. a. das Schreiben des Bischöflichen Ordinariates v. 27. 2. 1856.

77 DAG, Pfarrfaszikel Mureck VII d 10, Schreiben v. 18. 2. 1856.

78 Ebd.

79 DAG, Pfarrfaszikel Mureck VII d 10, Schreiben v. 27. 2. 1856.

80 Ebd.

81 DAG, Pfarrfaszikel Mureck VII d 10, Schreiben v. 7. 3. 1856.

82 DAG, Pfarrfaszikel Mureck VII d 10, Schreiben v. 14. 9. 1856.

83 Ebd.

84 DAG, Pfarrfaszikel Mureck VII d 10, Konzept, 16. 9. 1856; vgl. a. DAG, Pfarrfaszikel Straden, Schachtel 28, H. 200.

85 Sl, Maria Helfbrunn bei Mureck. In: Samstags-Beilage zu No. 42 des katholischen Wahrheitsfreundes. Jg. 8, Gratz, 18. 10. 1856, S. 502.

86 Ebd., S. 502f.

87 Ebd., S. 502.

88 Heimatgeschichtemappe der VS Ratschendorf, Dez. 1950.

89 Fred Strohmeier, Maria im Brunnen. In: Sonntagsblatt, Graz, 4. 7. 1971, S. 11; nach einem Interview mit Maria Puntigam, Ratschendorf. Dieses Motiv ist etwa auch für die Wallfahrt Maria Lankowitz bei Köflach bekannt.

90 Franz Leskoschek, Heilige Quellen und Wunderbrunnen in Steiermark. In: Blätter für Heimatkunde 21, 1947, S. 9.

91 Johanna Kohlbeck, Die Herzogin von Berry und ihre Beziehung zum Schloß Brunnsee. In: Festgabe der Steiermärkischen Landesbibliothek zum 60. Geburtstag des Hofrats Julius F. Schütz. Graz 1949, masch., S. 3–6.

92 Die Geschehnisse rund um den Ankauf von Brunnsee hat Fritz Posch dargelegt: Fritz Posch, Die Herzogin von Berry im Exil in der Steiermark. In: Blätter für Heimatkunde 65, 1991, bes. S. 138.

93 Ebd., S. 144.

94 Janisch, Lexikon, Bd. 2, Nachdr. Graz 1979, S. 330.

95 Karl W. Gawalowski, Steiermark. Hand- und Reisebuch. Graz 1914, S. 396.

96 Janisch, Lexikon, Bd. 2, S. 330.

97 Ebd., S. 330f.

98 LThK, Bd. 6, 1961, Sp. 1159.

99 Heimatgeschichtemappe der VS Ratschendorf, Dez. 1950.

100 DAG, Pfarrfaszikel Mureck VII d 10, Schreiben vom 15. 7. 1897.

101 Ebd.

102 Ebd.

103 DAG, Pfarrfaszikel Mureck VII d 10, Konzept, 23. 7. 1897.

104 Ebd.

105 DAG, Pfarrfaszikel Mureck VII d 10, Konzept, 17. 1. 1899.

106 DAG, Pfarrfaszikel Mureck VII d 10, Schreiben vom 15. 9. 1899.

107 DAG, Pfarrfaszikel Mureck VII d 10, Konzept, 22. 9. 1899.

108 BG Mureck, GB Ratschendorf, EZ 232.

109 Ebd.

110 Sonntagsbote, 26. April 1914, S. 6.

111 Sonntagsbote, 10. Mai 1914, S. 7f.

112 Herrn Anton List vlg. Leibnitzer, dessen Großvater Johann List zu dieser Zeit Kirchenpropst war und in dessen Besitz sich Aufzeichnungen über die Renovierung befinden, möchte ich herzlich für die Mitteilung und die Möglichkeit zur Einsichtnahme danken.

113 „Ansichtskarten aus Ratschendorf". Katalog zur Ausstellung. Ratschendorf 1983.

114 Architektonisch bietet die Kirche keine Besonderheiten, auf eine genaue Schilderung kann daher verzichtet werden, Details können den Plänen auf den Seiten 98–101 entnommen werden.

115 „Ansichtskarten aus Ratschendorf", Nr. 8.

116 Nach zwei Gutachten von Univ.-Prof. Dr. Johannes Raber, Graz, vom 25. April 1992 und vom 28. September 1993 wurde durch die Baumaßnahmen im Jahre 1992 eine Verbesserung der Wasserqualität (z. B. Nitratreduktion) erreicht, die eine „Verschiebung von vorwiegend vorliegendem Oberflächenwasser zu einer Charakteristik 'Quellwasser'" brachte. Eine weitere Verbesserung der Wasserqualität bleibt jedoch noch wünschenswert. Die Quelle ist „nach den

geltenden Gesetzen und Vorschriften keine Heilquelle." Das heißt, daß etwaige Heilungserfolge allein dem Glauben der Betroffenen zuzuschreiben sind.

117 Vgl. dazu auch Oliva Wiebel-Fanderl, Die Wallfahrt Altötting. Kultformen und Wallfahrtsleben im 19. Jahrhundert (= Neue Veröffentlichungen des Instituts für Ostbairische Heimatforschung der Universität Passau 41). Passau 1982, S. 15f.

118 Nur eine Gewährsperson spricht vom Annatag als dem ursprünglich bedeutendsten Wallfahrtstermin. Da Helfbrunn aber eine Marienwallfahrt ist, scheint dies wenig wahrscheinlich und dürfte möglicherweise doch einer Verwechslung zuzuschreiben sein.

119 Sonntagspost vom 5. Juni 1983, S. 32.

120 Herr Franz Josef Schober, Ratschendorf, hat dankenswerterweise die Altarrückwand genauer untersucht.

121 Österreichischer Volkskundeatlas (ÖVA), hg. v. d. Kommission für den Volkskundeatlas in Österreich. Wien – Linz 1959–1981.

122 ÖVA-Archiv, Salzburger Landesinstitut für Volkskunde; vgl. auch Dietmar Assmann, Die bedeutendsten Wallfahrtsorte Österreichs und Südtirols. In: ÖVA, Bl. 109 und Kommentar, Wien 1979; Helmut Fielhauer, Die großen marianischen Gnadenstätten der Gegenwart und ihr regelmäßiger Wallfahrtszuzug. In: ÖVA, Bl. 110, Wien 1971.

123 Mehrere Eintragungen einer Familie wurden dabei als eine Eintragung zusammengefaßt, „Jux-Eintragungen" von Jugendlichen blieben, sofern als solche erkennbar, unberücksichtigt. Bei Eintragungen von Kindern oder Jugendlichen, die offenbar in der näheren Umgebung wohnen und die Kirche des öfteren aufsuchen, ist es jedoch nicht immer möglich, klar zwischen religiösem Bedürfnis und Spiel zu unterscheiden.

124 Bei den genannten Zahlen sind zwar auch einige größere Wallfahrergruppen vertreten, die jedoch kaum ins Gewicht fallen, da die Gruppe als ganze nur einfach gezählt wurde.

125 Vgl. auch Iso Baumer, Wallfahrt als Handlungsspiel. Ein Beitrag zum Verständnis religiösen Handelns (= Europäische Hochschulschriften, Reihe 19, A12). Frankfurt a. M. 1977, S. 42.

126 Helge Gerndt, Vierbergelauf. Gegenwart und Geschichte eines Kärntner Brauchs (= Aus Forschung und Kunst 20). Klagenfurt 1973, bes. S. 43f.

127 Der Vorbeter der Salsacher Wallfahrtsgruppe gibt an, daß fallweise auch Litanei gebetet wird.

128 Vgl. z. B. LThK, Bd. 7, 1962, Sp. 1176.

129 Aussage des Vorbeters.

130 Vgl. dazu Viktor Geramb, Volkskunde der Steiermark (= Heimatkunde der Steiermark 10). Graz o. J., S. 58 und Handwörterbuch des Deutschen Aberglaubens. 8. Bd., Berlin und Leipzig 1936/37, Sp. 428–431.

131 Vgl. dazu die Ausführungen zu „Wetterfreitag" in Wetzer – Welte, Kirchenlexikon, 9. Bd., 1895, S. 727.

132 Ähnliche Phänomene sind für den Bereich der sogenannten „modernen Sagen" typisch. Siehe dazu die einschlägige Literatur.

133 Siehe dazu Herbert Nikitsch, Schreiben und Glauben. Anliegenbücher als Beispiel moderner Volksreligiosität. In: Helmut Eberhart – Edith Hörandner – Burkhard Pöttler (Hg.), Volksfrömmigkeit. Referate der Österreichischen Volkskundetagung 1989 in Graz (= Buchreihe der Österreichischen Zeitschrift für Volkskunde NS 8). Wien 1990, S. 191–201.

134 Ebd., S. 195.

135 Zu ähnlichen Problemen siehe ebd., S. 197f.

136 Herrn Dr. Sepp Walter sei an dieser Stelle herzlich für die Überlassung des Fotos gedankt.

137 Rudolf Suppan, Geschnitzte Pracht aus alten Zeiten. Steirische Lebzeltmodel. Graz 1979, S. 38.

138 Vgl. dazu Johann Praßl, Die Lebzelter, Metsieder und Kerzenzieher in der Südoststeiermark. Ihre Kleidung, ihre Produkte und deren Vermarktung (= Schriften aus dem „Museum im Tabor" Feldbach 1). Feldbach 1992, bes. S. 136, Abb. 166 und 168.

139 Vgl. dazu „Ansichtskarten aus Ratschendorf".

140 Praßl, Lebzelter, S. 146, bringt eine auf Angaben von Dr. Sepp Walter, Graz, beruhende Liste Oststeirischer Lebzelter und Wachszieher, die die Lieferungen Civranis nach Helfbrunn bestätigt.

Literatur- und Quellenverzeichnis

Literatur

Allmer, Gottfried – Norbert Müller: 800 Jahre Pfarre Straden 1188–1988. Straden 1988.

„Ansichtskarten von Ratschendorf". Katalog zur Ausstellung. Ratschendorf 1983.

Assion, Peter: Geistliche und weltliche Heilkunst in Konkurrenz. Zur Interpretation der Heilslehren in der älteren Medizin- und Mirakelliteratur. In: Bayerisches Jahrbuch für Volkskunde 1976/77, 1978, S. 7–23.

ders: Der soziale Gehalt aktueller Frömmigkeitsformen. Zur religiösen Volkskunde der Gegenwart. In: Hessische Blätter für Volkskunde 14/15, 1982/83, S. 5–17.

Assmann, Dietmar: Die bedeutendsten Wallfahrtsorte Österreichs und Südtirols. In: Österreichischer Volkskundeatlas, Bl. 109 und Kommentar, Wien 1979.

Baumer, Iso: Wallfahrt als Handlungsspiel. Ein Beitrag zum Verständnis religiösen Handelns (= Europäische Hochschulschriften, Reihe 19, A12). Frankfurt a. M. 1977.

Baumer, Iso – Walter Heim: Wallfahrt heute. Freiburg/CH 1978.

Beissel, Stephan S. J.: Wallfahrten zu Unserer Lieben Frau in Legende und Geschichte. Freiburg i. Br. 1913.

Brückner, Wolfgang: Fußwallfahrt heute. Frömmigkeit im sozialen Wandel der letzten hundert Jahre. In: Kriss-Rettenbeck – Möhler (Hg.), S. 101–113.

ders: Gemeinschaft – Utopie – Communio. Von Sinn und Unsinn „sozialer" Interpretation gegenwärtiger Frömmigkeitsformen und ihrer empirischen Erfaßbarkeit. In: Bayerische Blätter für Volkskunde 10, 1983, S. 181–201.

ders, Zur Phänomenologie und Nomenklatur des Wallfahrtswesens und seiner Erforschung. Wörter und Sachen in systematisch-semantischem Zusammenhang. In: Dieter Harmening u. a., Volkskultur und Geschichte. FS Josef Dünninger. Berlin 1970, S. 384–424.

Brückner, Wolfgang – Gottfried Korff – Martin Scharfe: Volksfrömmigkeitsforschung (= Ethnologia Bavarica 13). Würzburg – München 1986.

Christian, Gert (Hg.): Sv. Duh na Ostrem vrhu – Hl. Geist am Osterberg. o. O. 1992.

Courth, Franz: Wallfahrten zu Maria. In: Wolfgang Beinert – Heinrich Petri (Hg.), Handbuch der Marienkunde. Regensburg 1984, S. 507–527.

Eberhart, Helmut: „…durch ein gethanes Gelübd". Zur Bedeutung des Wallfahrtsgedankens im Barock. In: Lust und Leid. Barocke Kunst – Barocker Alltag. Steirische Landesausstellung 1992. Graz 1992, S. 215–225.

ders: Der Mirakelzyklus in der Wallfahrtskirche Maria Freienstein. In: Der Leobener Strauß 7, 1979, S. 61–102.

ders: Das Mirakelverzeichnis von Maria Freienstein aus dem Jahre 1762. In: Der Leobener Strauß 8, 1980, S. 119–158.

Eberhart, Helmut – Edith Hörandner – Burkhard Pöttler (Hg.): Volksfrömmigkeit. Referate der Österreichischen Volkskundetagung 1989 in Graz (=Buchreihe der Österreichischen Zeitschrift für Volkskunde NS 8). Wien 1990.

Fielhauer, Helmut: Die großen marianischen Gnadenstätten der Gegenwart und ihr regelmäßiger Wallfahrtszuzug. In: Österreichischer Volkskundeatlas, Bl. 110, Wien 1971.

Gawalowski, Karl W.: Steiermark. Hand- und Reisebuch. Graz 1914.

Gerndt, Helge: Vierbergelauf. Gegenwart und Geschichte eines Kärntner Brauchs (= Aus Forschung und Kunst 20). Klagenfurt 1973.

Gugitz, Gustav: Österreichs Gnadenstätten in Kult und Brauch. Bd. 4: Steiermark und Kärnten. Wien 1956.

Habermas, Rebekka: Wallfahrt und Aufruhr. Zur Geschichte des Wunderglaubens in der frühen Neuzeit (= Historische Studien 5). Frankfurt – New York 1991.

Handwörterbuch des deutschen Aberglaubens, hg. v. Hanns Bächtold-Stäubli. Berlin und Leipzig 1927–1942.

Hüttl, Ludwig: Marianische Wallfahrten im süddeutsch-österreichischen Raum. Analysen von der Reformations- bis zur Aufklärungsepoche (= Kölner Veröffentlichungen zur Religionsgeschichte 6). Köln – Wien 1985.

Janisch, Josef Andr.: Topographisch-statistisches Lexikon von Steiermark. Graz 1878–1885 (Reprint Graz 1978–1980).

Klamminger, Karl: Die Helfbrunn-Kapelle bei Mureck. In: Sonntagspost vom 7. 11. 1971, S. 15.

Kötting, Bernhard: Peregrinatio religiosa. Wallfahrt in der Antike und das Pilgerwesen in der alten Kirche (= Forschungen zur Volkskunde 33–35). Regensburg – Münster 1950.

Kohlbeck, Johanna: Die Herzogin von Berry und ihre Beziehung zum Schloß Brunnsee. In: Festgabe der Steiermärkischen Landesbibliothek zum 60. Geburtstag des Hofrats Julius F. Schütz. Graz 1949, masch.

Kramer, Karl-Sigismund: Typologie und Entwicklungsbedingungen nachmittelalterlicher Nahwallfahrten. In: Rheinisches Jahrbuch für Volkskunde 11, 1960, S. 195–211.

Kretzenbacher, Leopold: Heimat im Volksbarock (= Buchreihe des Landesmuseums für Kärnten 8). Klagenfurt 1961.

Kriss, Rudolf: Wallfahrtsorte Europas. München 1950.

ders.: Zur Begriffsbestimmung des Ausdrucks „Wallfahrt". In: Österreichische Zeitschrift für Volkskunde 66, 1963, S. 101–107.

Kriss-Rettenbeck, Lenz – Gerda Möhler (Hg.): Wallfahrt kennt keine Grenzen. München – Zürich 1984.

Lamprecht, Otto: Die Pfarre Merin-Straden im Mittelalter. In: Aus Archiv und Chronik. Blätter für Seckauer Diözesangeschichte 1, 1948, S. 12 f.

Lang, P. T.: Würfel, Wein und Wettersegen. In: V. Press – D. Stievermann (Hg.), Martin Luther. Probleme seiner Zeit. Stuttgart 1986, S. 219–243.

Leskoschek, Franz: Heilige Quellen und Wunderbrunnen in Steiermark. In: Blätter für Heimatkunde 21, 1947, S. 2–24.

Lexikon für Theologie und Kirche (LThK), hg. v. Josef Höfer und Karl Rahner. 2. Aufl., Freiburg i. B. 1957–1968.

Marianische Wallfahrten in Österreich. Katalog des Österreichischen Museums für Volkskunde. Wien 1954.

Meingast, Fritz: Marienwallfahrten in Bayern und Österreich. München 1979.

Meißner, Ferdinand: Zum helfenden Brunnen. Eine Wallfahrtsstätte im unteren Murtale. In: Steirischer Bauernkalender 1991. Graz, S. 58f.

Müller, Norbert: Größe und Umfang der Pfarre bzw. des Dekanates Straden im geschichtlichen Wandel. In: Allmer – Müller, S. 46–69.

ders.: Die Pfarrer und Dechanten von Straden. In: Allmer – Müller, S. 76–100.

Nikitsch, Herbert: Schreiben und Glauben. Anliegenbücher als Beispiel moderner Volksreligiosität. In: Eberhart – Hörandner – Pöttler (Hg.), S. 191–201.

Österreichischer Volkskundeatlas (ÖVA), hg. v. d. Kommission für den Volkskundeatlas in Österreich. Linz – Wien 1959–1981.

Posch, Fritz: Die Herzogin von Berry im Exil in der Steiermark. Chronik ihrer Rückkehr nach Graz und des Ankaufs der Herrschaft Brunnsee. In: Blätter für Heimatkunde 65, 1991, S. 132–147.

Pöttler, Burkhard: Die Auswertung narrativer Interviews zum Thema Wallfahrt. Ein Arbeitsbericht. In: Thomas Engelke – Jürgen Nemitz – Carolin Trenkler (Hg.), Historische Forschung mit κλειω (= Halbgraue Reihe zur Historischen Fachinformatik A8). St. Katharinen 1990, S. 87–92.

Praßl, Johann: Die Lebzelter, Metsieder und Kerzenzieher in der Südoststeiermark. Ihre Kleidung, ihre Produkte und deren Vermarktung (=Schriften aus dem „Museum im Tabor" Feldbach 1). Feldbach 1992.

Religion in Geschichte und Gegenwart, Die (RGG). 3. Aufl., Tübingen 1957–1965.

Scharfe, Martin – Rudolf Schenda – Herbert Schwedt: Volksfrömmigkeit. Bildzeugnisse aus Vergangenheit und Gegenwart (= Das Bild in Forschung und Lehre 7). Stuttgart 1967.

Scharfe, Martin – Martin Schmolze – Gertrud Schubert (Hg.): Wallfahrt – Tradition und Mode. Empirische Untersuchungen zur Aktualität von Volksfrömmigkeit (=Untersuchungen des Ludwig-Uhland-Instituts der Universität Tübingen 65). Tübingen 1985.

Schieder, Wolfgang (Hg.): Volksreligiosität in der modernen Sozialgeschichte (= Geschichte und Gesellschaft Sonderheft 11). Göttingen 1986.

Schneider, Ingo: Belohntes Vertrauen? Überlegungen zu Struktur und Intention gegenwärtiger Gebetserhörungen. In: Eberhart – Hörandner – Pöttler (Hg.), S. 191–201.

Schober, Franz Josef: Zur Entwicklung der Streusiedlung und der Wallfahrtsstätte Helfbrunn. In: Mitteilungsblatt der Korrespondenten der Historischen Landeskommission für Steiermark, Heft 4, Graz 1991, S. 245–247.

Schreiber, Georg: Wallfahrt und Volkstum in Geschichte und Leben (= Forschungen zur Volkskunde 16/17). Düsseldorf 1934.

Schuh, Barbara: „Alltag" und „Besonderheit" spätmittelalterlicher und frühneuzeitlicher Wunderberichte. In: Wallfahrt und Alltag in Mittelalter und früher Neuzeit (=Veröffentlichungen des Instituts für Realienkunde des Mittelalters und der frühen Neuzeit 14). Wien 1992, S. 255–276.

dies.: „Von vilen und mancherlay seltzamen Wunderzaichen": die Analyse von Mirakelbüchern und Wallfahrtsquellen (= Halbgraue Reihe zur Historischen Fachinformatik A4). St. Katharinen 1989.

Sl: Maria Helfbrunn bei Mureck. In: Samstags-Beilage zu No. 42 des katholischen Wahrheitsfreundes. Jg. 8, Gratz, 18. 10. 1856, S. 501–503.

Strohmeier, Fred: Maria im Brunnen. In: Sonntagsblatt, Graz, 4. 7. 1971, S. 11.

Suppan, Rudolf: Geschnitzte Pracht aus alten Zeiten. Steirische Lebzeltmodel. Graz 1979.

Tomek, Ernst: Geschichte des Diözese Seckau. Bd. 1, Graz – Wien 1917.

ders.: Kurze Geschichte des Diözese Seckau. Graz 1918.

Wetzer und Welte's Kirchenlexikon. 2. Aufl., Freiburg i. B. 1882–1903.

Wiebel-Fanderl, Oliva: „Seit Kunstdünger und sämtliche Spritzmittel eingeführt wurden…". Zur religiösen und politischen Funktionalisierung des Erntedankfestes. In: Andreas Heller – Therese Weber – Oliva Wiebel-Fanderl (Hg.), Religion und Alltag. Interdisziplinäre Beiträge zu einer Sozialgeschichte des Katholizismus in lebensgeschichtlichen Aufzeichnungen (= Kulturstudien. Bibliothek der Kulturgeschichte 19). Wien – Köln 1990, S. 205–216.

dies.: Die Wallfahrt Altötting. Kultformen und Wallfahrtsleben im 19. Jahrhundert (= Neue Veröffentlichungen des Instituts für Ostbairische Heimatforschung der Universität Passau 41). Passau 1982.

dies.: Wenn ihr den Vater in meinem Namen um etwas bitten werdet, so wird er es euch geben (Joh. 16,23). Volkskundliche Überlegungen zu den Bittgängen. In: K. Schlemmer (Hg.), Bitt-Tage feiern. Neue Formen und Modelle. Wien 1985, S. 11–14.

Zulehner, Paul Michael: Religion im Leben der Österreicher. Dokumentation einer Umfrage. Wien 1981.

Ungedruckte Quellen

Steiermärkisches Landesarchiv:
GbNR BG Mureck
GbAR 664
FK 649, Ratschendorf
RK 1752, Ratschendorf
JK Ratschendorf
MTK GH 300
A. Eggenberg
A. Herberstein
A. Lamberg
A. Saurau
A. Straß
Nachlaß Otto Lamprecht, Abschrift der Pfarrchronik Straden.

Diözesanarchiv Graz:
Pfarrarchiv Straden
Pfarrfaszikel Mureck VII d 10
Ordinariatsprotokolle

Bezirksgericht Mureck:
GB Ratschendorf

Heimatgeschichtemappe der VS Ratschendorf, Dez. 1950.

Gedruckte Quellen

Steirische Wochenpost, 20. 8. 1992
Bildpost, Jänner 1992, Juli 1992
Katholischer Wahrheitsfreund, 18. 10. 1856
Kleine Zeitung, 4., 6. u. 11. 9. 1921, 8. 9. 1988, 4. 7. 1992
Neue Zeit, 15. 9. 1988
Neues Land, 11. 9. 1988
Sonntagsblatt, 4. 7. 1971, 11. 7. 1971
Sonntagsbote, 22. 5. 1898, 5. 6. 1898, 21. 8. 1898, 26. 4. 1914, 10. 5. 1914, 31. 5. 1914,
    6. 9. 1914, 23. 7. 1933, 25. 7. 1937
Sonntagspost, 7. 11. 1971, 5. 6. 1983
Süd-Ost Journal, September 1988, Juli 1992
Südsteirische Bildpost, September 1988
TIP, November 1988
Wochenpost, 8. 9. 1988

Abbildungsnachweis

Alle Fotos und Reproduktionen (außer Abb. 29) von Heinrich Kranzelbinder.
Sammlung Heinrich Kranzelbinder, Graz: Titelbild.
Archiv der Kulturinitiative Ratschendorf: Abb. 4, 7, 8, 10, 11.
Pfarre Mureck: Abb. 7, 10.
Anna Schober, Ratschendorf: Abb. 33.
Sammlung Franz Josef Schober, Ratschendorf: Abb. 3, 9, 12, 15, 32.
Technische Universität Graz, Institut für Baukunst: Pläne S. 98ff.
Dr. Sepp Walter, Graz: Abb. 29.

Verzeichnis der Gewährspersonen

Düß Maria, Diepersdorf 27, 8482 Gosdorf
Eibel Renate, Ratzenau 114, 8482 Gosdorf
Eberhart Alois, 8355 Tieschen 65
Eberhart Maria, 8355 Tieschen 65
Engelmann Gottfried, Pfarrer, 8232 Grafendorf bei Hartberg 16
Fließer Friedrich, Dechant, 8345 Straden 1
Gomboc Anton, Ratzenau 27, 8482 Gosdorf
Heidinger, Herta, 8413 St. Georgen 41
Horvath Maria, 8483 Ratschendorf 135
Kurahs Hermann, Mag. Dr., Am Grünanger 11, 8490 Bad Radkersburg
Kurahs Ulrike, Am Grünanger 11, 8490 Bad Radkersburg
Landl Paulina, Ratzenau 20, 8482 Gosdorf
Leopold Mathilde, 8355 Tieschen 36
List Anton, Siebing 17, 8481 Weinburg am Saßbach
Neubauer Stefanie, 8422 St. Nikolai ob Draßling
Neuhold Anton, Salsach, 8483 Deutsch-Goritz
Neuhold Rosa, Ratzenau 35, 8482 Gosdorf
Pock Anna, Ratzenau 31, 8482 Gosdorf
Pock Johann, Helfbrunn 1, 8483 Ratschendorf
Potzinger Franz, Pölten 4, 8493 Klöch
Potzinger Rosina, Pölten 4, 8493 Klöch
Pracher Brigitte, Emmenstr. 3, 8490 Bad Radkersburg
Puntigam Rosa, Ratzenau 30, 8482 Gosdorf
Rauch Alois, Perbersdorfberg 30, 8093 St. Peter am Ottersbach
Rauch Anna, Perbersdorfberg 30, 8093 St. Peter am Ottersbach
Rauch Johann, 8345 Straden 31
Samitz Franz, 8471 Spielfeld 42
Schadler Florian, Helferberg 21, Wolfsberg im Schwarzautal
Scherbel Emilie, Helfbrunn 3, 8483 Ratschendorf
Schober Hans, Hofstätten, 8483 Deutsch-Goritz
Schober Franz Josef, 8483 Ratschendorf 141
Simon Friedrich, Schrötten 33, 8483 Deutsch-Goritz
Söll Franz, 8471 Spielfeld 127
Stöckler Anna, Ratzenau 29, 8482 Gosdorf
Sundl Josef, Salsach 17, 8483 Deutsch-Goritz
Tscherner Anna, Ratzenau 29, 8482 Gosdorf
Tscherner Franz, Ratzenau 29, 8482 Gosdorf
Tscherner Theresia, Gersdorf 83, 8472 Straß in Steiermark
Weiß Franz, Pfarrer, Kirchenplatz 1, 8480 Mureck

Wiedner Christine, Jörgen 23, 8355 Tieschen
Wiedner Manfred, Jörgen 23, 8355 Tieschen

Abkürzungsverzeichnis

A.	Archiv
Bd.	Band
BG	Bezirksgericht
BP	Bauparzelle
CM	Conventionsmünze
DAG	Diözesanarchiv Graz
Ebd.	Ebenda
f	Gulden
fl	Gulden
f.	und die folgende Seite
ff.	und die folgenden Seiten
FK	Franziszeischer Kataster
fol.	Folio
GB	Grundbuch
GbAR	Grundbuch Alte Reihe
GbNR	Grundbuch Neue Reihe
GP	Grundparzelle
H.	Heft
Jg.	Jahrgang
JK	Josephinischer Kataster (Flurbuch)
LThK	Lexikon für Theologie und Kirche
MTK	Maria-Theresianischer Kataster
RK	Riedkarte
S.	Seite
Sch.	Schuber
Sp.	Spalte
StLA	Steiermärkisches Landesarchiv
vgl.	vergleiche
Xr	Kreuzer

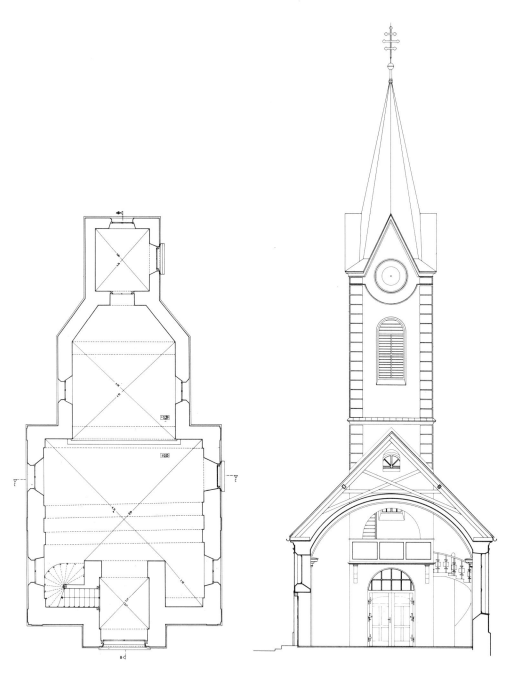

98

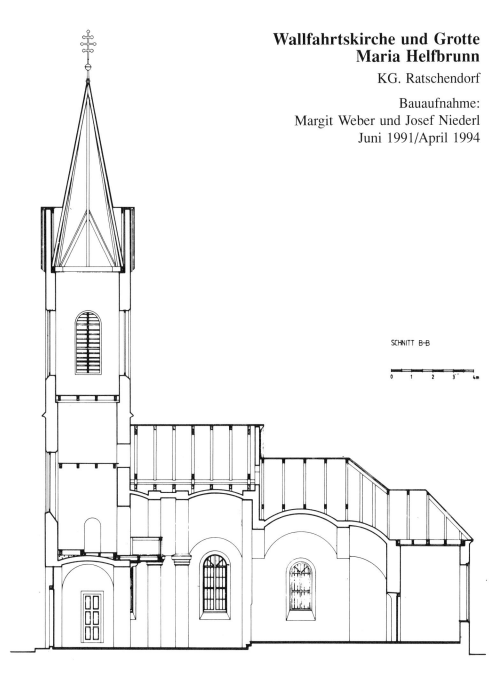

**Wallfahrtskirche und Grotte
Maria Helfbrunn**

KG. Ratschendorf

Bauaufnahme:
Margit Weber und Josef Niederl
Juni 1991/April 1994

SCHNITT B-B

0   1   2   3   4m

100

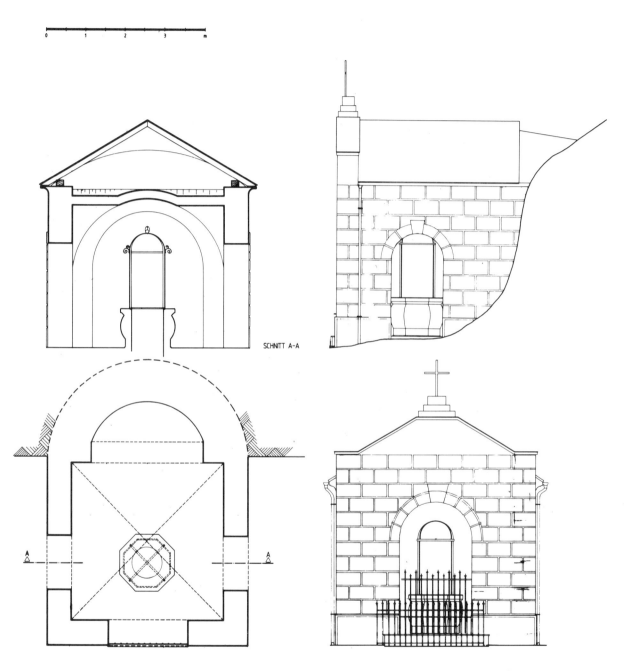

SCHNITT A-A

101